中国新股民

百万 ◆ 编著

操作必备（第三版）

经济管理出版社
ECONOMY & MANAGEMENT PUBLISHING HOUSE

前　言

　　股市生存的硬道理不仅是经验，更是技巧。作为股民，想要在股市中生存下去，并生存得更好，万不可将希望寄托于运气，没有扎实的根基，我们很难得到幸运女神的眷顾。

　　2015 年股市的新动向是什么？2014 年的牛市行情还会持续吗？千万不要猜测，我们要懂得分析。如果我们是刚刚入市的新股民，如何获得准确的分析数据呢？这就要从股市运作的基本常识中、从大盘变化的基础知识中、从股市数据建立的系统框架中获得，而这三方面正是新股民必须提升的个人能力。

　　笔者在出版《中国新股民入门必备》、《中国新股民操作必备》系列丛书后，获得了巨大的反响，为回馈读者的青睐，为中国新股民完善最初的入市之路，笔者决定将两书整体升级再版，通过笔者近年来对股市的连续观察、研究以及个人实践，将新股民操作系统穿透整合到本书当中。期望为中国新一代股民廓清重重迷雾，清楚自己的未来股民之路。

　　《中国新股民操作必备》第三版更适用于股票投资的初学者和爱好者，可以帮助那些有志者在充满风险的股票市场上实现梦想、让越战越勇的股民成就自己的未来。

　　本书第三版更加明确地讲解了股票操作的基础知识、股民看盘的实操技巧、优质股买入的方法，以及超级短线如何操作的技巧。

　　本书第三版最新特色如下：

　　(1) 实操性鲜明。全书从新股民炒股的基础操作出发，详细解析每一种实用技巧、实用操作手法，并深层次探讨经验总结方式。

　　(2) 全面性突出。全书不仅从新股民入门出发，在更多情况下深度思考了新股民在操作过程中遇到的各种疑点、难题，随后针对这些关键问题进行了详细的阐述，从而确保新股民可以顺利完善自己的炒股流程。

　　(3) 真实性十足。全书升级后不仅引用了最新的股票数据，更将当代名人、股神的炒股操作技巧、个人经验、善意忠告全部融入到书中，以此来帮助新股民明确自己未来的发展方向。

股神巴菲特曾说过："在中国这片古老的土地上，经济取得了巨大的发展，中国的股票市场也发生了翻天覆地的变化，这是经济发展的必然结果。任何一个国家或地区的经济发展，必然要带动股票市场的同步发展。从长期来看，我非常看好中国股市。"

从当代股神对中国股市的评价中我们可以发现，中国股市仍然蕴藏着巨大的潜力，这也是无数新股民奋身涌进的主要原因。想要炒股获利，掌握实战操作技术才是硬道理，笔者时刻坚信只有自己内在强大，我们才能展示出外在的实力，才能够运用这种实力控制整个股市，这同样是本书创作、升级的初衷。

另外，全书资料翔实，语言通俗易懂，方法简便实用，它既可作为新股民学习股市操作技巧的入门向导，又可帮助老股民通过强化训练来提高操盘水平，是一本不容错过的股票投资操作实用工具书。

笔者不敢奢望本书让人读后可一鸣惊人，但笔者有信心让读者从中收获良多，帮助读者在日后的成长中少犯一点错误，少走一点弯路。如果读者能将本书的一些章节和股市中的一些现象相互印证，并从中获得启迪，编著本书的目的也就达到了。

最后，祝愿所有中国新股民顺利实现自己的梦想，期待中国诞生超越巴菲特的新股神！

目 录

第一篇　如何买到上涨股票

第二篇 如何把握大盘形势

第三篇 新股民常用技术分析方法

第四篇　如何判断最佳买入时机与买点

第六篇　新股民操作如何规避损失

第七篇　如何使自己获利

第八篇　股市赢家操作策略

第一篇

如何买到上涨股票

第一章　选择好股票的依据

在《中国新股民入门必备》一书中，我们简单介绍过几种选股方法和在不同情况下的选股标准，这里我们将从操作的角度，详细讲解选股的具体步骤。

市场股票种类繁多，新股民想选择风险小、收益大的股票进行投资，不是一件容易的事。因此，是不可能一语道破选股的真谛的，但选股也并非毫无策略可言，下述提供一些选股的依据可供参考。

一、上市公司经营状况

巴菲特认为，打算购买一家上市公司的股票，就应该弄清企业是否有着良好的经营状况，确定股价能否有坚强的支持力度，这是最基本的。

多年来一直提供优质服务的企业，往往会有较好的投资回报；如果一家上市公司经营不稳定，难以推测它的未来，应该尽量避免投资这样的企业。

判断上市公司经营状况的标准是什么？主要应该从以下三个方面判断：

（1）所属行业处于良好发展阶段。要留心低谷期的到来，最好的选择是在发展良好的初级阶段进场，在高潮末期出场。

（2）业绩稳定，不亏损、不出现股价奇高现象，股价没有对业绩提前做出过度反应。

（3）运转正常，没有需要解决的重大难题，或因计划不周而改变经营方向。

因此，应优先选择业绩良好、经营状况稳定的股票；回避发展状况不明、业绩不稳定的股票。

二、题材

题材是影响股价走势的主要力量之一。它极具感召力，能引发投资者的兴趣和共鸣。判断依据如下：

（1）题材众多。包括并购重组、世博会、亚运会、节能环保、家电下乡、高科技等。

（2）每只股票题材众多，要抓住本质题材。本质题材决定股价走势的大方向。

（3）题材对股价的影响。题材有利于市场，对股价起到推动作用；题材不利于市场，对股价产生极沉重的冲击作用。

因此，应优先选择本质题材符合当前热点的股票，回避本质题材被市场遗弃的股票。

三、经营者

经营者是企业的带头人，决定上市公司的前途命运。可以通过各种渠道了解经营者是否值得信赖，判断的依据如下：

（1）有良好的品质。

（2）把从事的事业放在第一位。

（3）不会做有损上市公司利益的事。

（4）没有不诚信的不良记录。

四、股票价格合理性

是不是投资经营状况最好的企业就可以得到最高的回报呢？答案是否定的，因为投资的前提是要在可获利的价位买入。因此，投资者也要关注股票价格的合理性。应从以下四个方面判断：

（1）股票的绝对价格。价格越低，上升空间越大，下跌空间越小。

（2）股票的相对价格。指当前股价相对市场行情处在什么价位。投资者可根据未来股价下跌风险和空间机会选股。股票相对价格的风险划分如

表1-1 所示。

表 1-1　股票相对价格的风险划分

阶　段	分　区	安全区	提醒区	危险区
上升通道（如图 1-1 所示）	从本次行情起点算起	升幅 30%以内	升幅 30%~60%	升幅 60%以上
下降通道	从上波行情起点或历史低点算起	跌幅 20%以下		
	从上波行情的高点算起		跌幅 20%~40%	跌幅 60%以上

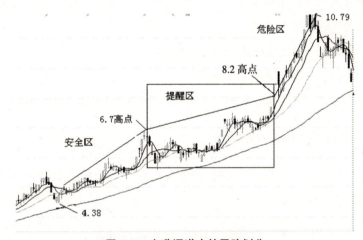

图 1-1　上升通道中的风险划分

（3）泡沫化程度。适度泡沫化，有益投资者获利，一定范围内的泡沫化程度越高，投资者获利越丰厚。但是若泡沫化愈演愈烈，未来股价也将跌得越惨。

泡沫化判断：①价格上涨速度远高于公司业绩增长速度；②绝大多数市场投资者获利丰厚，特别是操盘主刀的持筹成本远低于当前市价；③上市公司业绩出现大幅倒退。

（4）股票价格被控制程度。成交量大，技术图线出现大量涨幅、跌幅，说明股票价格被控制程度深。

五、庄家

庄家是流通股东里的大户，拥有雄厚的资金实力和调控筹码，有能力控制一段时间内股价的走势，实现盈利的目的。选择的依据有：

（1）控市主力获利微薄。

（2）实力强、长线目标大。

六、成交量

成交量显示投资者购买股票欲望的强弱，也反映了股价波动的高低潮，说明股市人气的聚集与消散。

（1）成交量。成交量越大，投资者越多。

（2）换手率。股票的换手率越高，意味着该只股票交投越活跃，这只股票就越受到关注。换手率=某一段时期内的成交量/发行总股数×100%。

七、上升空间和下跌空间

上升空间和下跌空间是指股价在未来一段时间可能上涨和下降的幅度。具体操作如表1-2所示。

表1-2　上升空间和下跌空间的操作方法

时　　间		上升空间	下跌空间
短期	1~5 天	选择短期空间大、避免短期涨幅大的股票	选择短期空间小、避免短期跌幅小的股票
中期	1~4 周	选择中期空间大、避免中期涨幅大的股票	选择中期空间小、避免短期跌幅大的股票
长期	1~3 月	选择长期空间大、避免长期涨幅大的股票	选择长期空间小、避免长期跌幅小的股票

八、基本趋势

基本趋势反映股票的宏观特征，是未来一段时间内股票的走势方向。它不受任何人为意志的影响。基本趋势如何应用？

（1）用长期均线系统判断上升通道和下降通道，选择上升通道中的股票，避免下降通道的股票，留意股票发生逆转。

（2）用K线形态判断盘整形态。

（3）综合讯息和经验，判断造顶和筑底。

（4）向上和向下突破。

九、板块联动

股票市场中也有"拉帮结伙"的现象，称为板块联动，板块内每一只股票会相互牵制，影响整体走势。

按作用大小可分为龙头股和随从股。龙头股顾名思义是板块内的龙头老大，一呼百应，一损俱损；随从股受龙头股影响，这种影响有时强、有时弱，反应强度和快慢也不尽相同。以下为按选择优先程度的排序：

（1）龙头股。

（2）强关联股。

（3）反映实时的股票。

（4）滞后上涨的股票。

（5）避免滞后下跌的股票。

十、风险可控性

炒股的风险无处不在，导致风险的原因有很多，原则上是无法逃避的，但是对于个股的选取和介入时机可以凭借主观意愿，这就意味着选股时是可以控制和规避一些风险的。选择风险可控股票的方法：

（1）选择风险在承受范围内的股票。

（2）选择风险可知的股票。

（3）选择风险可以减轻的股票。

（4）选择风险可以回避的股票。

从股票操作的角度来看，最大的风险来源于不确定性，未来一旦确定，资金就会持续不断地涌入，源源不断地产生投资机会。

第二章　上涨股票的特征

熟悉选择上涨股票的依据后，还需要了解上涨股票的特征，以便在有潜力的股票出现时，能够迅速把握机会，实现盈利。上涨股票一般具有如下特征：

（1）有宽广的底部，低位盘旋时间长。

（2）股性活跃，成交量持续放大。

（3）主力强，股价持续拉升。

（4）大市的上升趋势明显。

（5）上市公司业绩良好，前景被看好。

（6）上市公司有简单清晰的业务结构。

最优特征并不是绝对的，最优股票也不一定具备所有的条件。买入最优股票并不意味着一定赚到大钱，还要配合其他选股操作方法和策略。上涨股票特征主要分以下几类进行介绍。

白马股的主要特征

白马股是和黑马股相对的一个概念，指的是业绩优良、成交活跃、红利优厚而且在股票市场上的走势能对某一板块甚至大盘起到领涨作用的大公司股票。具有高成长、低风险的优点，对新股民来说不失为一种理想的选择。白马股的特征如下：

一、业绩优良并保持持续稳定的增长

公司业绩优良说明公司朝着良好的方向发展，如果这种业绩是短暂的，仍然不能断定为白马股，它还需要保持稳定的增长势头，并有较好的分配方案。一个公司业绩持续稳定增长时间越长，对企业越有利，越能给投资者带来较为稳定丰厚的回报。

二、业绩、题材信息明朗化

白马股相对题材、业绩具有一定隐蔽性的黑马股来说，它的业绩、题材更为明朗化，为市场所共知。其市场表现多为持久的缓慢攀升。

三、较低的市盈率和较低的风险

白马股股价较一般个股偏高，但由于其上市公司的高业绩，并具有较大的股本规模作为支撑，选择这类股票的市场风险就会相对较小。虽然其绝对价位不低，但仍有较大的上升空间，具体表现为市盈率真实水平相对较低。

选择白马股若采用以下指标则更具可靠性，包括每股收益、每股净资产值、净资产收益率、净利润增长率、主营业务收入增长率和市盈率等指标的综合运用。

白马股操作的技巧：白马股的形成与大盘的牛市行情有着密不可分的联系，所以白马股的行情通常持续时间较长，一般为 1~2 年，也有可能会更长。投资者一旦在合适的价位上买进白马股，就应该把它视为中长线投资的对象。只需将其在大盘的牛市行情结束之前抛出即可。投资者长期投资此类股票，即使不考虑股价变化，仅以分红配股，就能够获得可观的收益。白马股适合缺乏投资手段的新股民和喜欢做中长线投资的投资者。需要注意的是对白马股的操作要准确预测涨幅的空间，并能在主力清仓时及时撤退。

最优庄股的特征

庄股是股价涨跌和成交量被庄家有意控制的股票。几乎所有的股票都被不同的主力所控制，他们对股价的走势有着不同程度的影响力。最优庄家要选强庄股，最佳时期是建仓和洗盘阶段。最优庄股（强庄股）应具有以下特征：

一、决定未来股价上升空间大

对庄股的选择，一定是选择刚刚形成强庄形态的庄股，在庄家还没有获得丰厚利润时介入。若选择已具有巨大升幅的庄股，随时会有跳水出货的可能。

二、有独立行情，个股走势不随大盘波动

一般股票走势都是随大盘同向波动，强庄股往往在这方面表现得与众不同。它不理会大盘走势，而是自行打压或拉抬股价。

三、个股的抗跌性好于大盘

产品的跌幅较小，相较于大盘跌幅明显要小得多。

四、对个股的消息面反应比同板块其他股灵敏

市场股价一般会有效反映消息面的情况，利好消息有利于股价上涨，而利空消息导致股价下跌。然而，庄股则不然，因为庄家往往与上市公司联手，上市公司事先有什么样的消息，庄家都了然于胸。

五、尾市经常发生砸盘方式的异动

庄家有时要对跟风筹码做一次清洗，在某个价格阶段大幅度抛空股票，

造成下跌假象，目的是引诱散户和跟风者卖出。

选择最优强庄股的原因是，强庄股庄家资金雄厚，懂得技术分析和题材配合，控盘老到，股价走势自成"气候"。

选择庄股的原则，就是选择一个运行阶段中非常活跃的个股。任何一只股票只有主力庄家在其中进行频繁的买卖，造成交投的活跃才能称其为庄股，股价默默无闻没有大的涨跌波澜，处在长期的横盘时期不能称其为庄股。

最优大盘股的特征

在过去的一段时间里，投资者选股时比较倾向于选择易于控盘的小盘股。随着时间的推移，大盘股的优势也逐渐显现出来，越来越多的投资者喜欢把目光投向大盘股，特别是大盘蓝筹股。最优大盘股的特征如下：

一、市盈率低

从市盈率水平讲，不考虑其他因素，相同业绩水平的个股，小盘股要比大盘股高。

二、大资金运作方便

大盘股方便资金的运作，大市值的股票特别适合大资金，无论是搜集筹码还是派发，都比较从容。牛市更是如此。

三、长时间股价低价位徘徊，有回升趋势

长时间低价是大盘股的调整时期，如有回升的迹象，说明股价调整完毕，准备上扬。这个阶段是选择大盘股的最佳时期。

大盘股操作的技巧：投资者如预测短期内利率将升高时，应大量抛出股票，等待利率升高后再买进；反之，当预测短期内利率将降低时大量买进，等到利率真正降低后再卖出。最好的方法是选择在不景气的低价圈内买进股

票，而在业绩明显好转、股价大幅升高时卖出股票。由于炒作该种股票所需资金庞大，故较少有主力大户介入拉升。大盘股在过去的最高价位和最低价位上，具有较强的支撑阻力作用，因此，其过去的高价位是投资者实现投资的重要参考依据。

中国的大盘股价格相对较低，有很多绩优股，它可以不用像小盘股那样通过送股金蝉脱壳，单凭业绩的提高，就完全可以一路上升，其走升的基础更加可靠，因此得到了许多外资的青睐。这让此类个股有了较大的想象空间，出现了少见的强势特征。

最优小盘股的特征

小盘股一直深受投资者的喜爱。即使现在越来越多的人开始关注大盘股，小盘股仍有较大的投资价值，投资者对小盘股的热情并没有降温，应该说，大盘股和小盘股共舞的时代来临了。最优小盘股相对大盘股应具有以下特征：

一、洗盘信号较为明显

小盘股一般喜欢拉高出货，连续拉升后，某天突然冲高回落。而大盘股一般不能一天出完。大盘股一般比小盘股复杂，原因就是里面的资金复杂。

二、高含权、高滚存

高含权指有送转股或分红派息比重较大的个股，一般是绩优股。高滚存是滚存利润厚的股票。这种股票应该引起中长线投资者的关注，通常成为年报行情中的生力军。

三、行业高成长的主流品种

成长性是市场主流投资的理念，投资专业化程度越高，对品种的要求也有所提高。

四、上市公司有投资价值

价值投资包括企业的三个内在因素：资源的质量、资源的数量与长期财富创造的潜力。

五、涨停幅度大是短线庄，股质慢牛上涨属于长线庄

由于小盘股的炒作资金比大盘股票少，较易吸引主力大户介入，因而股价的涨跌幅度较大，其受利多或利空消息影响股价涨跌的程度，也较大盘股票敏感得多，所以经常成为多头或空头主力大户之间互打消息战的争执的目标。

选股不应看盘子大小，而要看回报率的高低，这才是新股民对股票操作的正确理解。

小盘股票操作的技巧：对应小盘股票的投资策略是耐心等待股价走出低谷，开始转为上涨趋势，且环境展望好转时买进；卖出的时机需要根据环境因素和业绩情况断定，在过去的高价位附近获利了结。小盘股票在1~2年内，一般有几次涨跌循环出现，只要有效把握行情并且方法得当，投资小盘股票获利大都较为可观。

小盘股不仅流通盘小，总股本也小，无论是进行资产重组，还是收购兼并，均相对中大盘股比较容易操作，有问题较容易理顺。而且一旦产业、产品的调整成功，增长速度可能会超过中大盘公司。需要注意的是为数不少的小盘股，因为是特殊历史背景下的产物，存在诸多历史遗留问题，在我国证券市场逐步对外开放的现阶段，解决历史遗留问题势必会提上管理层的议事日程。

最优短线股的特征

短线股是指在手中持有时间较短的股票，要求在短期内实现利润最大

化。最优短线股具有以下特征：

（1）买入量小，卖出量特大，但股价不下跌。

（2）买入卖出量均小，股价轻微上涨。

（3）放量突破上档重要趋势线。

（4）头天放巨量上涨，第二天仍在强势上涨。

（5）大市横盘时微涨，大盘下行时却走得更强。

（6）遇利空消息放量而不下跌。

（7）有规律且长时间小幅上涨。

（8）无量大幅急跌。

（9）送红股除权后又继续上涨。

新股民选择股票的时候，不应拘泥于以上特征。影响股价走势的因素有很多，要综合考虑各类因素，这样才是对各类股票的科学的操作方法。

第三章　最佳黄金股的搜索与发现

每个股市行家如果选到梦寐以求的能够上涨几倍、十几倍甚至几十倍的个股，无异于捡到黄金，因此我们把这一类股票定义为最佳黄金股。最佳黄金股的搜索与发现是新股民学习股票操作盈利的重要阶段。

黑马股的搜索与发现

黑马股是价格脱离过去的价位而在短期内大幅上涨的股票。黑马股数量稀少，投资者要有高超的操作手法和耐心才能搜索和发现到黑马股。

要搜索和发现黑马股，必须了解黑马股的特征。

一、黑马股的特征

（1）股价低，一般不超过 10 元。

（2）黑马股在启动前会遇到各种形式的利空。

（3）黑马股形成前的走势让投资者对它不抱希望。

（4）在筑底阶段有不自然的放量现象。

（5）股价长期低位震荡，股价止跌回升，上升时成交量放大。

（6）符合当前主流题材。

（7）股价呈长方形上下震荡，庄家打压和拉升的动作幅度都很大。

二、搜索和发现黑马股的思路

1. 从小盘股寻找黑马股

小盘股历来是黑马股的摇篮，小盘股股本小，易于庄家控盘。一般的选择标准是：流通股低于5000万股，市盈率低于行业平均市盈率，股价低于20元，具有领先的行业优势。

2. 从龙头股选择黑马股

龙头股是指处于行业龙头地位的上市公司。在每次的行情中，领涨的板块中都会有龙头出现，领涨大盘。

3. 从重组股选择黑马股

重组是市场永远的热门题材，上市公司经过重组大多会提升业绩，甚至脱胎换骨。重组股成为大黑马股的先例屡见不鲜。重组往往使股价在短时间内大幅上涨，利润高达几倍。庄家有时就是凭借重组题材把股价推高，从而在市场中赚取暴利。

4. 从低价股选择黑马股

低价股是孕育黑马股的温床。目前股市中，通常股价低于5元的股票被统称为低价股。

5. 从蓝筹股选择黑马股

蓝筹股企业是国民经济的支柱，特别容易受到主力的关注，随着市场的开发，外国投资对蓝筹股更是青睐，现在和将来，蓝筹股都容易出现大黑马。

6. 从问题股选择黑马股

问题股一般是普通投资者回避的对象，此类股票的股价大多数会有大幅度的下跌，严重者有退市的风险。但是，有时坏事往往会变成好事，利空出尽就是利好，有时股票下跌反而会跌出之前没有的空间，从而具有宝贵的投资机会。需要注意的是，在问题股中寻找黑马股，必须弄清可能导致的最严重的后果，别一不小心陷入泥潭。选择具有国企背景的公司，安全系数相对高一些。

投资者操作此类股票一定要有耐心，做好长期等待的准备。散户要细心观察，一旦发现有主力庄家介入黑马，就要紧跟庄家，利润不到预期值，绝不清仓。

蓝筹股的搜索与发现

蓝筹股是指被公认为实力强、营运稳定、业绩优良的公司所发行的股票，又被称为"绩优股"。蓝筹股适合于不用每天看盘，坐等按时的分红和收益的股民。长期投资这种股票，投资者的财务会相对稳健，单就分红配股，往往也能获得可观的收益。对于缺乏股票投资手段且愿作长线的新股民来说，不失为一种理想的操作方式。

一、蓝筹股的特征

（1）公司规模大，同行业中地位高。

（2）公司业绩相对较好。

（3）有稳定的现金红利。

（4）市盈率相对较低。

（5）股价波动较为平稳，投资风险低。

（6）多头市场来临，股价不会首当其冲上涨，而是缓慢攀升。

二、搜索和发现蓝筹股的思路

1. 蓝筹股一定是大型公司的股票

蓝筹股一定是大型公司的股票，但大型公司的股票不一定全是蓝筹股。大型公司的标准要以资产规模、营业收入和公司市值等指标来衡量。

2. 蓝筹股在国民经济支柱行业里产生

蓝筹股在国民经济支柱行业里产生，但国民支柱行业的股票不一定全是蓝筹股。比如"宝钢股份"，其股份处于产业龙头的位置，就具有蓝筹公司的特质。中国处在工业化初级阶段，制造业也很容易诞生蓝筹股。

3. 蓝筹股在全国或者世界性的股票中产生

蓝筹股一定不会是地方性的股票，比如沃尔玛、麦当劳这些知名的蓝筹股的公司都是跨国公司。

4. 蓝筹股在管理先进的公司中产生

蓝筹股的公司不是靠技术等暴富的公司，而是发展稳健、经过重重考验的公司。必须有完善的管理制度和方法。

新股民操作此类股票要注意的是，蓝筹股总是随着产业的兴衰变迁。今天的蓝筹股可能在几十年后消失，而未来的蓝筹股也许在今天就已露出了其端倪。蓝筹股不是一劳永逸的。

龙头股的搜索与发现

龙头股对同行业板块的其他股票具有影响和号召力。它的上涨能带动同一板块的股票同时上涨。回调时，同一板块股票也随之回落。但是龙头股不是一成不变的，它的龙头地位往往只能维持一段时间。

一、龙头股的特征

（1）必须从涨停板开始，不能是涨停的个股。

（2）启动价位低，一般不超过 10 元。

（3）个股市值适中，适合大资金运作。

（4）个股必须同时满足日线 KDJ、周线 KDJ、月线 KDJ，同时低价金叉。

（5）通常在大盘下跌末端，市场恐慌时，逆市涨停，提前见底，或先于大盘启动，并经受大盘一轮下跌考验。

二、搜索与发现龙头股的思路

1. 选择可能形成热点的板块

板块热点的持续性不能太短，板块拥有的题材要具备想象空间，选择的个股有激发市场人气、带动大盘的能力。

2. 从板块个股中选龙头股

关注板块中的大部分个股的资金动向，当某一板块中的大部分个股有资金增仓现象时，一旦某只个股率先放量启动，确认向上有效突破后，有可能成为龙头股。

3. 跟踪观察

并非每个投资者都有先知先觉的本领，所选板块和个股未必都能成为热点，也未必具有上涨行情，如果错过了龙头启动时的最佳买入时机，可以追涨龙头股的第一个涨停板，跟踪观察可以把握最佳介入时机。

操作龙头股可以给你几次平手出逃的机会，龙头股的跌幅小，如果不在高位买进，几乎亏不了多少，大盘反弹时还可以及时解套出局。新股民对龙头股操作正确可以带来巨大的利润。

明星股的搜索与发现

我们把能在今后翻数倍的股票称为"明星股"。明星股在未被人发现之时，往往像沧海遗珠，然而，当这些上市公司潜质显露时，股价往往翻几倍，甚至十几倍。如美国的希尔顿集团、IBM 电脑，中国香港的和记黄埔等。

一、明星股的特征

（1）市盈率与股价扯不上联系。

（2）股价升值 10 倍以上。

（3）股价升值维持时间长，可以达两年甚至更长时间。

（4）因时机奠定成功地位。

二、搜索与发现明星股的思路

1. 主营业务突出

企业资金主要投入到专门的技术、产品或服务上，这种产品的技术基本被公司垄断，其他公司很难照搬。

2. 产业前景看好

这需要投资者对市场有前瞻性的眼光。比如世界电脑的庞大需求成就了IBM。

3. 新技术和创新不断

尤其是在高科技范围，企业始终有高人一筹的新技术和新产品，有力地抵御外在的竞争对手，让公司立于不败之地。

4. 股价低，公司知名度低

有很高知名度的企业已被投资者广为熟悉，股价很高，对投资者来说心理压力很大，因此不大可能成为明星股。而低价股股价翻倍却很容易。

上述四类最佳黄金股的搜索与发现，会为投资者带来相当可观的利润。投资者需要有独到的眼光和高超的操作手法才不会与之擦肩而过。

八种不能买的股票

要买到上涨的股票，就一定要排除差的股票，这是帮助新股民缩小目标，减少风险操作的必要条件。

一、不买突然放出巨量的股票

巨量不是指换手率，而是相对前期量，超过平均量 3 倍以上。放巨量一般是市场主力开始逃离的信号。

二、不买暴涨过的个股

如果个股行情暴涨，说明庄家已经换筹走人，再进就会被套。这时，新的市场主力不会很快形成，短期内价格难以上涨。

三、不买大除权的个股

除权是市场主力逃离的另一个机会。如果大除权后又遇到天量，更是坚决不买。

四、不买基本面有大问题的个股

如果基本面出现问题，不管怎么出击，都不要介入。这种股票风险巨大，容易导致失败，不值得去冒险。

五、不买长期盘整的个股

这样的股票要看连续的走势，长期盘整上下不大的不能买入。

六、不买离 FC 压力位近的股票

离压力位近，获利空间就越小，风险大，不宜买入。

七、不买下跌途中影线过长的股票

下影线长度超过实体长度 3 倍以上的股票不宜买入。

八、不买有退市危险的股票

连续两年以上业绩亏损的股票不能买入。

避开这八种危险的个股，减少新股民因选股失误而遇到的风险，为买到上涨股票提供一层保障。

第四章 新股民选股操作要点

选择股票，小心驶得万年船。股票投资不是游戏，选择什么样的个股，是直接关系到今后能否盈利的关键所在。新股民投资股票要有一定的胜算，把胜算化作胜利还需要坚守一些操作的要点。

牢记操作要点，能够清楚地知道哪些应该做，哪些不应该做。以下对新股民提出几点操作要点的建议。

华尔街是如何选股的

记者曾向不同的美国金融界人士问过同一个问题：如果在美国所有的股票中，只能投资一只股票，您将会做出怎样的选择？

美国经济分析师、《华尔街风云录》一书的作者汤姆·格林给出这样的回答：

汤姆·格林：这是个很难一下子就能回答出的问题。要在这么多的股票中只选择一只股票进行投资，恐怕比选部汽车甚至是买栋房子都难。要是我的话，至少得花上一个月的时间，去深入地研究每一只有可能入选的股票。话又说回来，不管是选多少只股票，投资者的投资理念应该还是一样的。比如说投资者所期待的股票平均年增长率是多少，这只股票的风险系数应该不能超过多少，投资者准备在多长时间里拥有这只股票，等等。这些数据都是选择这只股票的前提。

记者：您被称为"积极的保守派"，您的投资理念是既注重公司经营实绩，又展望经济未来发展。如果根据这个投资理念来选择的话，您会选哪一只股票呢？

汤姆·格林：如果只能选一只股票，那我的投资策略是，在设定合理而可行的投资回报率时，尽可能地避免不必要的投资风险。换句话说，我情愿少赚点，也不愿像有些网络股那样，一涨就翻几倍，一亏就亏 70%~80%。要我选，我一定会在组成道琼斯指数的 30 只蓝筹股当中选一只。为什么呢？第一，这些公司大都历史悠久，在市场上久经百战，无论经济和股市如何动荡，它们都有应对的措施和手段，虽然经营中仍有波折，但公司的经营不断改善，利润稳定增长。长期而言，这些公司的成长应该比较容易预测，这就明显减低了投资的风险系数。第二，当然是投资回报率。从 1929 年起，道琼斯 30 只股票的平均年回报率是 11%。不要小看这 11%，它意味着即便每年只投资 3000 美元，30 年后就会积累成 60 万美元。

记者：不过，道琼斯 30 只股票每年 11% 的回报率只是个平均值，其中不同股票的表现仍有好有差，年增长率有些会高于 11%，有些会低于 11%。如果在这 30 只股票中再选一只的话，您会选哪只呢？

汤姆·格林：我会毫不犹豫地选择微软。一来它目前价位较低，是买入的良好时机；二来它产品的销售利润率（PROFITMARGIN）高达 40%。尽管微软在反垄断官司中必败无疑，公司的分拆也基本成定局，但微软公司的实力犹在，微软在市场上所占的优势恐怕在 10 年内都不会改变。即便微软被拆成两家公司，其成长性仍被看好，股价上升的空间也仍然很大。

同样的问题，嘉信投资公司高级投资顾问查理·劳克却给出了不同的回答：

查理·劳克：很简单，我将会在思科系统（CISCO）与美国在线（AOL）中选一只。我认为，投资的目的是要给投资者带来尽可能大的回报，当然也要承担一定的风险。不然的话，不如把钱放银行，每年收 5% 的利息，最保险了。我们首先要思考的是，什么行业将来最有前途，并同人们每天的生活息息相关呢？我认为将是电脑业与网络业。思科系统就目前来讲是整个电子工业的带头人，无论是电脑业还是网络业都离不开它。美国在线在刚起步时只是一家提供上网服务的公司，但现在即将与有线电视公司时代华纳（TIME WARNER）合并，这就使美国在线（AOL）进入了一个新的境界。在不久的将来，电脑与电视会合二为一。电视、网络和电话全部都通过有线电缆来传播，这就使美国在线（AOL）有了广阔的施展天地。到那时，美国在线（AOL）将会成为整个通信传播领域的带头人。

最后，是摩根投资公司共同基金管理经理安东尼·理罗的答词：

安东尼·理罗：如果是我的话，我恐怕不会把钱放在一只股票里，投资分散的原则永远是真理。不过，这是一个很有意思的问题。对这个问题的回答可以反映出一个人的投资策略和理念。

记者：有些专家选择微软公司，也有些看好思科系统（CISCO）与美国在线（AOL）。您的看法呢？

安东尼·理罗：这三家公司无疑都是目前美国电子工业的带头人。如果我们是在选择哪只股票的预计投资回报率较高、上升空间较大，而风险相对较小，以上三只股票显然都是其中的佼佼者。不过，现在我们讨论的是"只选一只股票"，是把所有的资金都投入到这一只股票上去，那以上三只股票显然都风险太大。谁能真正预测到 10 年、20 年之后电脑业的状况？谁能保证公司的经营一定会稳步前进？历史证明，公司决策人员的一个错误决断往往会使投资者血本无归。

记者：显然，您不同意以上的选择。那您的选择是什么呢？

安东尼·理罗：如果一定要从千千万万只股票中选一只，那么这家公司必须要有足够长的历史，年平均增长率至少要在 15%~20%之间，并且不管经济形势和股市如何动荡，公司要能够随时调整运作方向，具有在任何情况下都能稳步增长的能力。

就目前而言，只有一家公司符合这些条件——华伦·巴菲特的 BERK-SHIREHATH AWAY（BRK）。只有这家公司符合以上的诸多条件。华伦·巴菲特的 BERKSHIREHATH AWAY（BRK）投资于保险业、珠宝业、制造业等各行各业，小到软饮料可口可乐和巧克力糖果，大到汽车保险公司及私人飞机零售与飞机驾驶培训业，甚至连"华盛顿邮报"都有 17%的股份归它所有。买一股 BRK，就好比投资了众多不同的行业及不同的公司，这与共同基金有相似的地方。有些人认为 BRK 股价太高，一股 BRK 的股价现高达6万美元，普通投资者根本买不起。其实这正是华伦·巴菲特聪明的地方。自 BRK 10 年前上市以来，股票从来没有拆过股，股价一路飞升至当今令人咋舌的天价，股价高使炒家炒作困难，很难找到散户接手，因此减小了股价大幅度波动的可能性。至于 BRK 的年增长率，从 1965 年以来基本每年都高出标准普尔（STANDARD&POOR）的平均增长率。如果在 1965 年买了 1 万美元的 BERKSHIREHATH AWAY，猜猜今天值多少钱？5 亿美元。是不是令人难以置信？

同样一个问题，三位专家给出了不同的回答。可见他们每个人都有自己的投资原则。

汤姆·格林的选股原则是，在注重公司的经营实绩以及未来发展前景的前提下，设定合理而可行的投资回报率，尽可能地避免不必要的投资风险。

查理·劳克投资说，股民投资的目的是极可能获得更多的回报，所以，选股时首先要考虑什么行业的股票最有发展前途。

安东尼·理罗的投资原则是分散投资，避免将所有的资金放在一只股票里，在选股方面，他给出的建议是股票发行公司"必须拥有足够的发展历史，且年平均增长率至少要在 15%~20% 之间，并且不管经济形势和股市如何动荡，公司能够随时调整运作方向，具有在任何情况下都能稳步增长的能力"。

不要跟风涨

北京大学心理学系副教授侯玉波说，"趋利避害是人之常情。去年股市收益的确挺高，部分人也赚了钱，带动更多人进入了股市"。因此，形成了一个趋势就是"进的人越多，'从众心理'就越强。别人都这么做，我也要这么做"。其实，股民如果能够理性投资，稍作思考，即可提出疑点，大机构庄家会流露出那么明显的破绽吗？如果股票真的能够跟风就涨疯的话，庄家又将如何控盘？如此明显的破绽，是不利于大机构的资金利用的。

小张是某公司的业务员，月收入 5000 元，在一次同学聚会上，一个因炒股发了大财的同学劝他也买上几只股试试。于是小张把积蓄的 5 万元买了一只前景看好的股票。

第一年股市行情比较平稳，小张轻松地赚了 5000 元，他准备在第二年再接再厉。凑巧的是，第二年小张买的这只股突然飙升，一天之中股指上涨了 100 个百分点，有很多股民跟风购买这只股，小张欣喜若狂，他没有急于卖出手中的股票，还准备再买入 1 万元的股票，以图大赚。

这时小张的同学打电话给小张，告诉他不要盲目跟风，并说这种现象很有可能有幕后庄家在操纵这只股，但是财迷心窍的小张没有听从同学的劝告，又买了 1 万元的股票。前几天，小张还沉浸在股指上涨的喜悦之中，可是到了第 6 天，股指大盘大跌，小张一下赔了 3 万元。

其实，只要小张稍作思考，能够理性投资，就能避免因跟风给自己带来的不利影响。

由此可见，在炒股中跟风就涨是一种错误的思维，那么，怎样做才是正确的呢？

一、不急于购买或抛售股票

从众跟风是人们的普遍心态，尤其是身处股海之中的股民，跟风往往会让他们损失惨重，因为他们的股票会在高点被套牢。因此股民们即使是听到有人跟风购买股票赚钱，也不要盲目地跟着购买或抛售股票。

二、充分了解所买股票的情况

不了解一只股，却要急着购买，或在他人鼓动之下购买者，虽然也会有"不小心"获利的可能，可是损失的概率更高。所以股民在面临股市跟风时，一定要了解到自己所买股票公司的基本面，之后再决定是否跟风。

三、时刻关注股市

在整个股市呈现跟风状态时，投资者采取回避的态度，这也是错误的。因为对跟风熟视无睹，拒绝了解跟风时的指数与基本面，会造成到股票退市还不知道的结果，最终导致血本无归。

四、多买几只股票分散风险

为了避免跟风造成损失，我们可以事先多买几只股票，但最好不要超过三只股票，这样既可以分散风险，又不会对股票的关注过于分散。因为我们可以用其中的一只股票跟风，即使操作不当，损失钱财，我们还有其他股票可以赚钱，从整体上来说，也不会损失太多。

跟风是人们的一种普遍心理，但并不是所有的跟风都能给股民带来实际收益，因此股民应从实际情况出发决定自己的炒股策略，而不要盲目跟风。

不怕捕捉龙头股

龙头股在股市中呼风唤雨、引领主力，涨幅可观。然而真正能抓住龙头股的投资者却不多，细细分析，这并不全是技术上的原因，相当一部分是由于股民对于龙头股不敢捕捉的心态造成的。股民面对龙头股，总是反应迟钝。一般来说，龙头股产生于大盘悲观时期，上涨初期"板块效应"和"领头羊"作用并不明显，往往不能得到普通股民的重视和发掘；而当它势头明朗，并且开始具备了"板块效应"的时候，却又已经有了一定的升幅，不少投资者就认为涨幅已经很高了，不敢跟仓入市。

实际上，在股市行情可能转势的时期，投资者必须保持对股市的高度敏感性和判断力，密切注意盘面的蛛丝马迹，一旦发现龙头股地位开始逐渐崭露头角，必须果断地在第一时间出手捕捉，这样才能争取利益最大化。后知后觉，只能错失良机。要想成为一个短线高手，就必须像老鹰捕食一样快和准。

2015 年 1 月，中国各大股市分析网站均爆出了 2014 年股市中的龙头股排行榜。作为中国环保行业强者的桑德环境再次成为了当年这一行业中的龙头股。这家 1988 年上市的企业在最初发展时期并没有意想的发展效果，直到 2010 年左右中国危废行业获得良好发展机遇，桑德环境才得以一鸣惊人。就桑德环境 2007~2013 年的股票 K 线图而言，这家企业的发展潜力、盈利能力远远超过了同业水平。尤其近两年桑德环境表现出的抗跌能力，完全可以说明该企业的发展前景以及未来的成长空间。

但是任何一只龙头股都不是可以带给股民毫无风险的盈利的，2014 年 5 月底，桑德环境的股价就出现了一次大幅度下跌的情况，这一变动让无数股民为之动荡，有些股民甚至做出了冲动行为欲将所有股票出手，然而仅仅经过 4 个月的调整，桑德环境便再次恢复了龙头股的势态，这让我们认识到，没有哪一只龙头股可以确保股民长期轻松获利，想要捕捉龙头股，我们需要摆正心态，明确龙头股应该如何判断。

（1）洗盘、震仓是必然的过程。有的股票在拉升过程中，中阴线大阴线上下振幅巨大，许多股民即使是骑上了龙头股，但是，一旦遇到了震荡，就很快被掀下牛背，收益并不高。因此，不敢捕捉龙头股相当一部分的原因是投资者对于龙头股的"捂功"，以及对于龙头股缺乏长远理性认识，这才是最重要的。

（2）另外一批股民对于龙头股的捕捉则又是一种情况。没有追上龙头股，错失了捕捉良机之后，看着龙头股的风驰电掣，一日千里，往往懊悔不已。在懊悔的过程中，往往龙头股又有一番不错的涨势。此时股民懊悔的心态往往笼罩了全部的理性观念，终于忍不住，放手一搏，奋勇跟进，却成了最后的接盘者。而此时的龙头股，却又受各方面因素影响，狂泄千里。"一朝被蛇咬，十年怕井绳"的感受，让股民再面临龙头股的时候，反倒裹足不前，不敢下手捕捉龙头股。而正确的做法是，既然已经错过了初期和中期的行情，尽可能持币观望，反省自身的心理原因，为一下波行情再战，理性出手，正确应对龙头股。

（3）在龙头股行情后期的时候，就会进入震荡期。对于随后跟进的股民来说，获利空间自然大大缩水。因此，上涨时期不愿意卖出，下跌时又不甘心卖出，往往成了那些后期捕捉龙头股者的普遍心态。总期待着奇迹出现，认为震荡之后或许还有一线生机，坚持捂仓，可是等到大势已去，跌势形成之际才火速杀跌，往往就已经由微利变成亏损，从而造成股民对于龙头股捕捉的回避甚至是害怕。在股市中，应对龙头股的末期行情，必须控制贪婪和侥幸的心态，逢低接单，逢高派发，起码不至于亏损。此时"逃之夭夭"最明智，绝对不能受控于龙头股的不明朗态势。

选股应因人而异

很多投资者都在思考这样的问题，持股是长线的好还是短线的好，是买一种好，还是买多种好。其实，什么样的股票都可能是好股票，什么样的投资行为都可能是正确的投资行为，关键在于它是否适合你的投资风格。有的人喜欢只投资一种股票，而且做得很好，有的人喜欢做几只股票，同样有较好的收益。

有的投资者喜欢在剧烈波动的股价中寻求短线的机会，因此他们特别希望找到股价快速上升的强庄股，力量强大的龙头股，有明显题材和利好消息的强势股。越是刺激的行情，越能激发他们参与的欲望。这很可能为他们带来超额的利润，可是，一旦不幸失手，蒙受的损失也是较大的。有的投资者没有足够的时间盯大盘走势，他们希望找到震荡幅度不大，走势良好的蓝筹股，可是这种股票也需要有超人一等的眼光和操作手段。

有的投资者喜欢谨慎些的操作，试图抓住每年都可能产生的一两次波动较大的行情，平时抱有极大的耐心对待股市的涨幅，等到大行情到来时，会倾巢出动，全力出击领涨的龙头板块，直到行情接近尾声，股票滞涨时全仓杀出，再次等待下一次大行情的出现。

有的投资者喜欢把目光锁定在熟悉的一只或几只股票上面，并全面考察每只股票的题材、业绩、流通量等来设定买卖的具体价位，等到股票价格接近预定目标才考虑买进或者卖出。显然这种操作方式具有较高的胜算。

总之，能涨的股票都是好股票，炒股的本质是为了获利，不管选择什么样的股票，采取怎样的选股方式，结果最为重要。选择股票因人而异，投资者获利的方式也各有千秋，无上下高低之分，就算都是投资股票的高手，选择股票的类型、品种也不会完全相同，各有各的投资风格，重点是找到适合你自己投资风格的好股票。

新股民风险防范

在《中国新股民入门必备》一书中，我们简单介绍过防范风险方法的分类和常见的防范风险方法，这里我们主要详细分析这些风险分类及如何规避风险的具体操作。

新股民需要清楚地知道股市中有哪些潜在的风险，才能有针对性地采取应对风险的防范措施。一般而言，股市中的风险可以分为以下几个方面：

一、系统性风险

这是宏观经济景气导致的股票市场大趋势变化的风险，经济和股市盛衰循环。这种因素会对所有股票的收益产生影响，又称为不可分散性风险。这种风险是无法消除的，它包括以下四个方面：

1. 宏观政策风险

宏观政策风险主要是宏观经济、政治等重大政策的出台可能带来的股市意外收益或损失，例如经济体制转轨、企业制度改革以及国内外的政局变化。宏观政策会在证券市场上产生反应，造成证券收益的损失。

2. 利率风险

利率风险是指市场利率的变动影响股票的价格，从而给投资者带来损失的风险。一般来说，利率与股票价格呈反方向变化。利率提高，增加了上市公司的经营成本，也增加了投资者的机会成本，股票价格水平下跌，造成对股票投资人的财富损失。

3. 购买力风险

购买力风险又称通货膨胀风险，是由于通货膨胀、货币贬值给投资者带来实际收益水平下降的风险。通货膨胀时期，各种商品价格上涨，企业承受能力下降，盈利和股息难以增加，此时普通股很难抵偿购买力下降的风险。

4. 经济周期性波动风险

经济周期波动风险是指市场行情周期性变动引起的风险。这种行情一般分为牛市、熊市两类，代表着长期的趋势。在看涨行市中，几乎所有的股票价格都会上涨，在看跌行市中，几乎所有的股票价格都会下跌，因此，股票买卖不能盲目。

二、非系统性风险

非系统性风险，又称可分散风险或可回避风险，指只对某个行业或个别公司的证券产生影响的风险。投资者可以通过分散投资的方法来抵消这种风险。具体包括以下四个方面：

1. 信用风险

信用风险要看资本机构中的贷款和债券比重，资本结构中贷款和债券比重小的公司，其股票的金融风险就小；贷款和债券比重大的公司，其股票的金融风险就大。投资者可利用证券信用评级来选择股票。

2. 经营风险

经营风险是指公司内部经营管理过程中出现问题，造成投资者预期收益下降的风险。公司的经营状况最终体现在公司的盈利水平和资产价值上。如果公司经营不善，就无法分配股利和为投资者带来预期的收益，从而使股票价格下跌。

3. 流动性风险

资金变现的能力如果存在困难会造成投资者收益的风险。卖出的困难越大，持有该种股票的流动性风险程度越大。

4. 操作性风险

不同的投资者在同一个市场，对同一只股票，由于操作技巧、判断标准、心理素质等方面的不同，也会造成操作结果的不同，有的盈利，有的亏损，这时候的风险是由于操作不当带来的风险。

三、风险的防范

当我们了解了风险的分类后，还需要清楚对股市风险分类的目的，即有针对性地对各类风险做出防范。主要的风险防范方法我们总结为以下几点：

1. 市场风险的防范

股票市场风险是指系统和非系统等因素个别或综合作用于股票市场，致使股票市场的股价大幅震动，从而给投资者带来经济损失的风险。

股票价格变幻莫测，这种频繁的波动很难预料。因为它不仅受政治、经济、法律等宏观因素的影响，还要受企业经营状况、利率、通货膨胀、投资心理等多方面的制约。股市的这种波动性，给投资者带来了难以消除的风险。尤其是股票市场的暴跌风潮风险，会对投资者造成惨重的损失。因此作为股票投资者，如何防范和规避这种风险非常重要，下面主要介绍几种规避风险的方法。

（1）掌握趋势。对各种股票价位变动的历史数据进行详细的分析，了解其中循环变动的规律，了解各种股票收益的持续增长能力。

（2）搭配周期股。很多企业由于受自身经营的限制，一年里总有那么一段时间停工停产，股价在这段时间里大多会下跌，为了避免因股价下跌而造成的损失，可策略性地购入另一些开工、停工时间刚好相反的股票进行组合，互相弥补股价可能下跌所造成的损失。

（3）选择买卖时机。以股价变化的历史数据为依据，算出标准误差，并以此为选择买卖时机的一般标准，当股价低于标准误差下限时，可以购进股票，当股价高于标准误差上限时，最好将持有的股票卖掉。

（4）注意投资期。企业的经营状况往往呈一定的周期性，经济气候好时，股市交易活跃；经济气候不好时，股市交易必然凋零。要注意不要把股市淡季作为大宗股票投资期。

2. 企业风险的防范

企业风险是股票发行企业的状况给投资者带来不同程度的风险，特别是主要以获得股息和红利为投资收益的投资者，必须客观分析企业经营状况和发展前景，采取相应的防范措施。在决定购买某一股票前，需要通过财务报表分析上市公司业绩的持久性和发展潜力，综合公司的行业竞争能力、经理层的管理能力、各种财务指标的综合评价等深入分析，不为表面现象所动，才能较好地防范经营风险。

3. 购买力风险的防范

在通货膨胀期内，可观察市场上价格上涨幅度高的商品，从生产该类商品的企业中挑选出获利能力高的企业。当通货膨胀达到一定程度时，应把保值作为首要因素，保值产品的股票（如黄金开采公司、金银器制造公司等股票）一般可避开通货膨胀带来的购买力风险。

4. 利率风险的防范

股票利率风险的防范需要了解企业营运资金中自有成分的比例，利率升高，会给借款较多的企业造成较大困难，从而影响股票价格，但是对借款少、自有资金充足的企业影响不大。如果银行利率趋高，一般要少买或不买借款较多的企业股票，这样就可以防范由利率升高导致的风险。

5. 操作风险的防范

为防范个人投资行为失误带来损失的风险，投资者需要做的是：

（1）入市要保持良好的心理素质和清醒的头脑，不犹豫、不贪婪、不轻举妄动，形成自己的判断模式，保证决策和行为的正确。

（2）认清投资环境，选择正确的投资时机、对象和方式。

巴菲特带来的选股忠告

在全民皆股的狂潮中，每个人都想在这股狂潮中分得一杯羹，成为"股神"。但是成为"股神"谈何容易。

在这个风险弥漫的交易平台上，想要走得平稳，至少不赔得倾家荡产，牢记股神巴菲特的忠告是必须且必要的。

一提到巴菲特，我们首先想到的便是他那稳定平稳的收益。巴菲特作为一名成功的投资者，其多年的投资经验与投资理念深受股民的追捧。而对于新入市的股民，巴菲特也有真诚的忠告。

一、忠告一：不熟不做，不懂不买

在经营合伙公司时，巴菲特经常接到客户提醒他注意某些股票动态的电话，而对于这样的电话，巴菲特统一的说辞是："我不懂这些股票，也不了解这些股票。我不会买我们不了解的股票。"巴菲特的意思是：他绝不会投资、购买那些他不了解、不熟悉的上市公司的股票，而是坚持将自己的投资目标设定在自己能理解的范围之内。几十年的投资生涯中，巴菲特一直秉承着这一原则。

什么样的公司才是我们熟悉、了解的公司呢？

（1）我们所在地的上市公司。

（2）我们所从事的行业的上市公司。

（3）基本面比较容易了解的上市公司。

那么对于这样的公司，我们怎样才能知道该公司股票的价值以及升值潜力呢？

（1）分析上市公司现在的经营状况。

（2）评估上市的未来发展前景。

二、忠告二：必须投资明星企业

巴菲特曾经说过："选择一个优秀的明星企业，比投资技巧和信息更重要，因为这是你能达到投资目标的唯一保证。"

选购股票时，巴菲特曾做过这样一个比喻："在我购买一只股票的时候，我会像购买整个公司那样去考虑，就像我沿着大街找到一家可以收购的商店一样。如果我想收购一家商店，我会了解这条大街上的每一家商店，了解每一家商店的所有方面。例如，我可以根据沃尔特·迪斯尼在 1966 年上半年的股票市场中的价格分析公司的价值。当时该公司的股价是每股 53 美元，这个价格似乎并不便宜。但是，想到你可以用 8000 万美元买到整个公司，而《白雪公主》、《瑞士家庭罗宾逊》以及其他根据小说改编的动画片的票房收入就值这个价钱，那么，这点代价也就变得无所谓了。这样，你就拥有了迪斯尼乐园和沃尔特·迪斯尼电影公司这样的合作伙伴。"

三、忠告三：正确评估投资企业是唯一的原则

张先生对股票很感兴趣，但是对股票不是很有研究，2007 年 4 月的某天，在朋友的介绍下，张先生带着 50 万元资金正式进入股市。对股票一窍不通的他，选购股票只是一味听从朋友的建议，而自己对购买的股票总是一无所知。几个月以后，张先生不但没有获得任何收益，更是赔了 10 万元。

面对这样的情况，巴菲特对新股民的建议是："在买进股票的时候，要把自己当成企业分析家，而不应该是市场分析师或总体经济分析师，更不是有价证券分析师。"

诚然，在选股之前，我们要对投资对象进行全方位、多角度的研究，只有掌握一定的信息，我们才能使自己的收益得到保障。

四、忠告四：集中投资，把所有鸡蛋放在同一个篮子里

对于一个新股民而言，这样的场景总会给我们一种熟悉的感觉：面对上千家上市公司，我们会茫然不知所措，不知道究竟该买哪只股票。听 A 说甲股好，就赶紧跟进；听 B 说乙股好，随后又跟进乙股；猛然间看见丙股直线上涨，又急忙买进丙股；再回头看见丁股黑马相，又低价买进丁股。一阵慌忙后，手中的股票早已不下十只。

然而，随后问题随之而来。看盘时，总是顾此失彼。注意了甲就忘了乙，看到了丙猛涨，却忽视了丁的暴跌。如此一来，最终无非得到两种结

果：或被套牢，或忍痛"割肉"。

从上述我们不难看出，"不要把所有鸡蛋放在同一个篮子里"的观点已经不太适用了。对这样的情况，巴菲特对新股民的忠告是，采用集中投资，即"把所有的鸡蛋放在同一个篮子里，然后小心地看好它"。

散户形势下的选股投资

散户是指投入的资金较小的客户，他们往往会因为获得小利而显得十分高兴，喜欢炫耀，并且可以独立在市场内随波逐流操作。因为散户对市场价格的影响、对基本面信息和内幕消息的获取、对行情的驾驭能力均不如机构，不能够左右行情大局，只能经常性地到处打探消息和猜测主力操作的意图，但实质上散户很难跟从长远的行情，被套的时候，难以迅速地找出解套的办法，同时又会丧失大部分获利的机会。

然而，在任何一种投资市场中，散户群体却构成了市场的一个重要的组成部分。所以散户要向机构投资者学习投资的基本原理，但又不能完全"相信"机构，正如彼得·林奇所说："散户不要盲从机构的任何投资建议，散户应有不同于机构的生存之道。"

散户在行业选择上可以量力而行。正如巴菲特所说："每个投资者都会犯错误，但通过把自己限制在相对较少、易于理解的行业中，可以减少投资风险。"换句话说，如果一个碗里的饭就能让你吃饱，而且也非常适合你的胃口，那么，就没有必要将每碗饭都吃一口。

对于很多散户来说，虽然有一部分老股民经过数十年的股市闯荡生涯，拥有丰富的生活经历，已经累积了大量的投资经验，甚至对各个行业也都有了一定的积累，但做这些研究成本太高，或者根本没有必要。因为有的行业即使花许多年的时间来研究，也很难看懂。比如专业性极强、精密度极高的高科技行业，或者是新兴的、尚难总结其规律、风险较大的行业等。

　　因此，散户选股投资，一定要有自知之明，而且应做到力所能及，即首先要摆脱一个误区——多选择一些股票投资，可以规避选错股票和业绩波动的风险。因为股票选多了，容易研究不透，或无法及时追踪，散户只要选对少数几只自己能看懂的大牛股，就可以战胜很多投资专家。

一、散户选股投资一定要遵循的原则

　　（1）规避和防范风险。

　　（2）要与股价的走势等同。

　　（3）在买卖时机确认后要果断地做出决策，并按照自己的交易系统信号进行操作。

　　（4）买入的股票一定要是强势股。

　　（5）在投资过程中要有一个良好的心态，不要在同样的地方跌倒。

　　（6）进行股票操作一定要具有理性思维，大思维决定大成功。

　　（7）任何技术指标都是有缺点的，不要把所有的希望都寄托于指标之中。

　　（8）投资者可以根据市场的信号预测近期股市走势。

二、散户选股投资常见的几种方法

　　1. 查看近几日的涨跌排行榜，研判大势

　　涨跌排行榜分为日涨跌排行榜、即时涨跌排行榜、板块分类涨跌排行榜等，散户在选择股票时，要查看各类股票在一月内升涨的排名，以便找出整个股市中的龙头股。龙头股上升速度快，且上升的幅度也比较大，常被视为引领大盘的领头羊。且通常情况下，龙头股会连续高涨不下，与一般个股相比，有天壤之别。

　　因此，在选股之前，一定要查看各个涨跌排行榜，大概掌握当前龙头股群的局势。

　　此外，散户还需要特别留心成交量排行榜，因为无论涨跌阴阳，某只股票当月的换手率高于20%，则说明这只股票活跃性比较强。活跃性是个股的潜力所在，因为，即使是有量地跌阴，也有人在大量接手。但如果是无量地空涨、空跌的话，散户就应该小心应对，因为是陷阱的可能性极大，散户很容易被假象迷惑。

其实，高位最高低位跌是散户最应该避免的事情。因为，庄家所需要的正是高位追高，而低位跌恰恰是庄家洗盘的目的。所以，散户一定要小心应对。

2. 中线地量

（1）选择 MA（移动平均线）在连续 6 个月都平稳向上的个股，在向上这段时间，大盘呈现下跌趋势时要抗跌，一般只短暂跌破 30 日 MA（移动平均线）。

（2）OBV（累计能量线）平稳向上并不断创出新高。

（3）地量往往出现在大盘见底时。

（4）在地量出现当日收盘前 10 分钟逢低分批次介入。

（5）短线的获利出局点为 5%~10%。

（6）中线的出货点为 50%。

（7）止损点为 10MA。

3. 看走势图

走势图是以 K 线形式为主的参考图谱，它反映了股指或股价的即时动向、历史状况、升降数据等，是技术判断者的重要参考依据。故无论短炒长作，最好是学会看图定策略。尤其是月 K 线图，一般都会潜藏着个股的可能后势，对炒股的进出决策会有很大的帮助。

4. 判别大行情

这是散户的一个重要技巧。判对了，可事半功倍，坐享行情带来的升涨喜悦。判错了，高位被套，那已不是心情的问题了，因为你在贬值的同时，还得受到亏割的打击。故大势的判断是很重要的，长线得判断个股的质地，中、短线得判断大盘的可能后势。

5. 走下降通道的股票，最好不要选购

股票下跌一定有它下跌的原因，因而最好不要选购。

三、散户要避免以下几种常见的错误

（1）不要在大涨之后追高买进，不要在大跌之后低位杀跌。

（2）不要在利好公布后买进，不要在利空公布后卖出，不要买进有明显缺陷的股票。

（3）不要只选择一种股票，不要在时机不对的情况下选股，不要有盲目跟风的大众行为。

第二篇

如何把握大盘形势

第五章　看盘：把握大盘局势

新股民看盘操作

一、学会看股市大盘

证券公司大都用大盘来显示股市的行情，要想掌握股票市场的走向，就要学会如何看股市的大盘。只有将大盘看得通透，才会成为股市里的战神。

在股市营业大厅的墙壁上都有一个大型的彩色显示屏幕，也就是我们平常所说的大盘。不同的证券营业部所显示的屏幕不同，有的营业部的屏幕较大，可以将所有上市公司的股票代码以及股票的名称固定在一定的位置，让其他内容不停变化。有的营业部的屏幕较小，只能将各只股票的行情轮流显现。大多数营业部的显示屏，都会用不同的颜色显示每一只股票的价格与前一天的相比是涨还是跌。

大盘显示的内容主要包括开盘价、前收盘价、最高价、最低价、买入价、卖出价、买盘、卖盘、买手、现手、卖手、涨跌、总额等，股民看盘时也是从中获取自己需要的信息。对于看盘，首先就是要看大盘上所显示的各种术语以及一天之内的集合竞价和成交额。下面我们简单介绍一下这些内容：

1. 开盘价

开盘价是指当天股市第一笔交易的价格。

2. 前收盘价

它是指前一天最后一笔成交的价格。

如果开盘价比前收盘价低，则说明多空一方占强大的优势，即使股价出现反弹，在开盘初大量堆积的前收盘价则会成为反攻的阻力。

如果开盘价比前收盘价高，且越走越高，说明多头一方占优势，如果股价在上升中回档跌落，大量堆积的前收盘价的股票会给其支撑，并且大盘中出现的最高价、最低价对股价的走势同样有巨大作用。

大盘中的股价到达最高点后出现下跌的情况，则说明有大量卖盘的股票积压，当股价遇到阻力回落到一定程度后，再次上升到高点。

3. 最高价、最低价

它们是指开盘以后各笔成交价格中最高和最低的成交价格。

4. 买入价

买入价是指证券交易系统显示已申报但尚未成交的买进某只股票的价格。一般情况下，只显示最高买入的价格。这对投资者卖出股票的价格提供了有力的参考依据。

5. 卖出价

卖出价是指证券交易系统显示已申报但尚未成交的卖出某只股票的价格，通常显示的只是最低卖出价。这对投资者买入股票的价格提供了参考依据。

6. 买盘

买盘是指当前申请所买股票的总数。

7. 卖盘

卖盘是指当前申请所卖股票的总数。

8. 买手

买手是指买入的股票比最新价格低于 3 个价位的买入手数之和的数量。

9. 卖手

卖手是指卖出的股票比最新价格高于 3 个价位的卖出手数之和的数量。

10. 现手

现手是指股票刚成交的交易量的大小。股票最小的交易单位为手，一手

100 股，所以在显示交易量的大小时通常用手代替股。

11. 涨跌

涨跌是指股票最新价格与前一天相比是涨还是跌。其中有两种表示方法：一种是直接标出涨跌的钱数；另一种是给出涨跌幅度的百分比。通常在一个屏幕上只显示一种数字，但是有的证券公司大盘上显示的是绝对数字，而有的显示的是相对数字。

12. 总额

总额是指在开盘以后某只股票交易的所有金额之和，单位通常是万元。大盘除了显示各只股票上市的行情外，还会显示整个市场行情的指数，如上证指数、深证指数、综合指数等。

二、学会看大盘走势图

大盘分时走势图也称为即时走势图，可分为指数即时分时走势图和个股即时分时走势图。

1. 指数即时分时走势图（如图 5-1 所示）

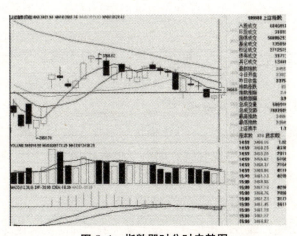

图 5-1　指数即时分时走势图

（1）白色曲线：表示上证交易所对外公布的一般情况下的大盘指数，也就是加权数。

（2）黄色曲线：表示不考虑上市股票的发行量的多少，将所有的股票按照对上证指数的影响等同计算，并且不含有加权数的大盘指数。

把黄色曲线与白色曲线进行比较，当指数上涨，黄色曲线的走势在白色曲线之上时，则表示发行量少的股票股价的涨幅比较大；当白色曲线的走势在黄色曲线之上时，则表示发行量多的股票股价的涨幅较大。

（3）红色柱线与绿色柱线：在红白两条曲线的附近，是反映大盘即时所有的股票的买盘与卖盘数量上的比率。

红柱线增长表示买盘大于卖盘，指数会呈逐渐上涨的趋势；红柱线缩短，则表示买盘小于卖盘，指数会呈逐渐下降的趋势。

绿柱线增长，表示指数下跌量增加；绿柱线缩短，表示指数下跌量减小。

（4）黄色柱线：在红白曲线图的下方，表示每一分钟的成交量，其单位为手，每手等于 100 股。

随着成交量的大小，黄色柱线也会呈现不一样的变化：当成交量大时，黄色柱线会随之拉长；反之，黄色柱线会随之缩短。

（5）横粗线：表示上一个交易日股价的收盘位置。横粗线是大盘上涨区域与下跌区域的分界线，上半部分是大盘的上涨区域，下半部分是大盘的下跌区域。

（6）显示框：数字或字母都可以显示。比如我们要查询"大洲兴业"这只股票的走势，只需在键盘上敲击"大洲兴业"的股票代码600603，这几个数字就会出现在显示框中。

（7）红色框、绿色框：如果红色框比绿色框长度长，则说明买气较强，大盘指数向上运行的气势比较强；如果红色框比绿色框短，则说明卖压较大，大盘指数向下运行的气势比较强。

2. 个股即时分时走势图（如图5-2所示）

（1）白色曲线：即分时价位线，表示某种股票即时实时成交的价格。

（2）黄色曲线：即分时均价线，表示某种股票即时成交的平均价格，即当天成交总金额除以成交总股数。

（3）黄色柱线：在红白曲线图下方，用来表示每一分钟的成交量。

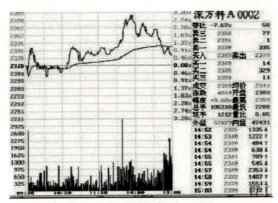

图5-2　个股即时分时走势图

（4）成交明细：在盘面的右下方为成交明细显示，显示每笔动态成交的价格和手数。

（5）外盘内盘：外盘又称主动性买盘，即成交价在卖出挂单价的累计成交量；内盘又称主动性卖盘，即成交价在买入挂单价的累计成交量。外盘反映买方的意愿，内盘反映卖方的意愿。

（6）均价：指开盘到现在买卖双方成交的平均价格。计算公式为：均价=成交总额/成交量。

（7）开盘：即交易当日的开盘价。开盘价是每个交易日的第一笔成交价。按上海证券交易所规定，如开市后某只股票半小时内无成交,则以该股上一个交易日的收盘价为当日开盘价。

（8）最高：即开盘到现在买卖双方成交的最高价。

（9）最低：即开盘到现在买卖双方成交的最低价。

（10）量比：是指当天成交总手数与近期成交手数平均的比值。

具体公式为：现在总手/（5日平均总手/240×当前已开盘时间）。量比数值的大小表示近期此时成交量的增减，大于1表示此时刻成交总手数已经放大，小于1表示此时刻成交总手数萎缩。

（11）成交：即买卖双方最新的一笔成交价。

（12）涨跌：即交易当日某股上涨和下跌的绝对值，以元为单位。

（13）幅度：即交易当日成交到现在上涨或下跌的幅度，幅度以百分比表示。

如果幅度为正值，数字以红色显示，代表股价呈上涨的趋势；如果幅度为负值，数字以绿色显示，代表股价呈下跌的趋势。

（14）总手：即交易当日从成交开始一直到现在为止总成交的股数。

（15）现手：已经成交的最新一笔买卖的手数。在盘面的右下方为即时的每笔成交明细，红色向上的箭头表示以卖出价成交的每笔手数，绿色箭头表示以买入价成交的每笔手数。

大盘的分时走势图要与实战中的 K 线分析结合起来观察，如此才能真实可靠地获得股市的信息，才能看懂股市的各种专业术语。

三、K 线技术走势图

1. K 线图的分类

（1）根据开盘价与收盘价的变化趋势，可将 K 线分为极阴、极阳，小阴、小阳，中阴、中阳和大阴、大阳等线型。极阴线和极阳线的波动范围在 0.5%左右；小阴线和小阳线的波动范围一般在 0.6%~1.5%；中阴线和中阳线的波动范围一般在 1.6% ~3.5%；大阴线和大阳线的波动范围在 3.6%以上，如图 5-3 所示。

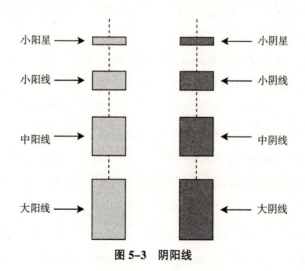

图 5-3　阴阳线

（2）根据 K 线的计算周期可将其分为日 K 线、周 K 线、月 K 线、年 K 线。

日 K 线是根据股价（指数）一天的走势情况形成的开盘价、收盘价、最高价、最低价四个价位绘制而成。

周 K 线是指以周一的开盘价、周五的收盘价、全周最高价和全周最低价来画的 K 线图。周 K 线图在分析股市上有特殊重要的意义，因为一天的走势容易受人为操纵所影响，而庄家操纵周 K 线很困难，所以周 K 线有较高的准确度。

月 K 线则以一个月的第一个交易日的开盘价，最后一个交易日的收盘价和全月最高价与全月最低价来画的 K 线图，同理可以推得年 K 线定义。

2. K 线图查看技巧

K 线图早在日本的德川幕府时期就已使用，当时是用来记录米价在一天、一周或一个月的涨跌情况，后来被股市所引用。它是通过对一段时期内股价变动情况的分析来找出未来股价变动的趋势。

K 线图具有直观、立体感强、信息量大的特点，能够充分地显示出股价的强弱情况，以及买卖双方力量平衡的变化。预测以后股市发展的方向比较准确，是应用较多的技术分析手段。其具体的记录方法如图 5-4 所示。

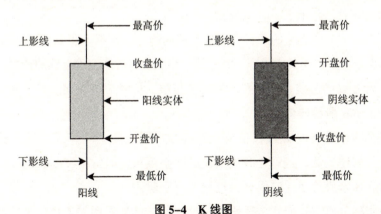

图 5-4　K 线图

当开盘价在下、收盘价在上时，则收盘价高于开盘价，两者之间用红色的长方柱绘出，称为阳线。上影线的最高点为最高价，下影线的最低点为最低价。

一般根据 K 线图的实体是阳线、阴线或是上下影线的长短分析，可以用来判断多空双方力量的对比以及以后的走势情况。

如果收的是阳线，说明通过一天多空双方的击杀，买方占上风，并且以多方的胜利而告终。阳线越长，说明多方盈利的机会要比空方大，在后市的发展中也可能继续走强。

如果收的是阴线，则说明卖方的力量强大，阴线越长，表示空方的力量胜过多方，后市的发展会越来越弱。

假若阳线带上影线，说明多方经过长时间的拼杀取得了暂时性的胜利，但继续上升很困难。阳线带下影线，说明多方经过很大的努力拼斗，但还是以空方的胜利而结束。

阴线带下影线，表示在买方没有战胜卖方的情况下，买方不可能再下跌，卖方的实力却在逐渐地减弱。上影线、实体、下影线中如果哪一段较长，则表明其股价的变化趋势就越大。

当开盘价与收盘价相等或是十分接近时，K 线的实体会变窄，上影线和下影线的长度相差不多之时，我们称为十字星，这是多空双方取得平衡的结果，也是转势的征兆。但有时这只是股价在上升与下跌中的一个暂缓的趋势，因此要通过几个 K 线图观察走势的情况。

如果十字星在连续的几日内出现上涨的趋势，就不可能出现下跌的情况；但是如果十字星在连日内出现下跌趋势，则股价有可能出现上涨的情况。

如果 K 线的影线一侧很长，而实体很窄，构成"瘦"字形，也和十字星一样，常常是股价转势的信号。

如果两根并列的 K 线在价格上不连续，也就是一根 K 线比另一根 K 线的最低价格还要低，这就是我们所说的跳空现象，而价格在断开的地方被称为缺口，通常股价在这时候会出现较大的变动。

在实际分析中我们常常要研判较长一段时间 K 线图的走势，来找出其可能前进的方向。

股价在上升或下降之时出现的缺口，会致使原来股价的趋势变化得更加猛烈。当出现利空或利好的消息时，极易出现较大的跳空缺口。

跳空上升时出现缺口，由股价的回落弥补；下跌时留下的缺口，由股价的反弹填补。但这种做法并不是绝对的，在长时间的情况下没有弥补也是时常发生的，这也显示出股价在一定的方向上出现了较大的变化。

当岛形出现反转，即在一个向上（或向下）的大跳空缺口之后不久又出现一个向下（或向上）的大跳空缺口，这是股势强烈反转的信号。

掌握基本的看盘盯盘技巧

每个股民都想在股市中赚大钱，但是如何才能赚大钱？一要消息准，二要会看盘。

然而，股市消息并不是每个股民都能得到的，尤其对于新股民而言。因而，会看盘就显得尤为重要，如果我们会看盘，就能够低价买进、高价卖出股票。反之，相信结局一定不甚乐观。

所以，对于新股民来说，需要掌握一些基本的看盘盯盘技巧。

1. 上午 9：00~9：15

《孙子兵法》中曾记载："制敌必先抢先机。"输赢往往就在一瞬之间，唯有掌握开盘前的 15 分钟才有可能成为股市的赢家。

开盘前 15 分钟投资者应掌握的操作技巧如下：

（1）开盘后，通过查看委托买进、卖出的笔数多少，判断当日大盘走势。一般情况下，开盘时若委托买进单数是委托卖出单数的 2 倍及 2 倍以上，例如委托买进单数为 10 万张，委托卖出单数为 5 万张，则买方盘的胜算比较大，短线操守可趁机买进，待股价上涨后以高价将其卖出，从中获取盈利。反之，如果委托卖出单数是委托买进单数的 2 倍及 2 倍以上，则表明卖方盘气势十分旺盛，此时应立即卖出手中所持股票，逢低再补回。

（2）如果出现每笔买进张数与笔数成 8：1 的比值，则代表有大户在买进，如果这个比值连续出现数次，则代表有大户在做盘，新股民可放心大胆逢低买进；反之，如果每笔卖出张数与笔数成 8：1 的比值，新股民则需要迅速将手中所持股票卖出。

（3）通过观察涨停板、跌停板家数数量的增减，研判大盘气势的强弱。我国股市中常会出现涨时抢涨、跌时杀低的现象，因而，如果发现涨停板的家数由十几家迅速增长到 50 家以上，说明大盘气势强劲，应立即买进；反之，如果跌停板家数出现 20 家以上，且买单小于卖单时，则说明大盘气势赢弱，应迅速将手中股票抛出。

（4）开盘时，牢记涨停板、跌停板的个股，并密切注意其动态变化。如果此时卖单小于买单，下跌家数小于上涨家数，说明大盘买气较盛，此时短线进出者应立即以市价买进跌停板正在跌停的个股，一旦股价上升至平盘卖出所买个股的 1/2，等股价再一次上涨时，随即抛出剩余的 1/2 个股，从中获取盈利。反之，如果大盘卖气较盛，且某只个股连涨数日，一旦成交量揭示涨停，应立即将手中所持股票卖出，待股价暴跌至平盘再回补。

2. 上午 9:30~10:00

通常，在上午 10 点这个时间点可以预测出股价当日的大致走向和收盘的高低点。一般情况下，庄家将股价拉高出货都会选择上午 10 点这一时间点。所以，不论是个人股票的买卖还是大盘，在上午 10 点左右将会出现短期的高位现象，是"热门股"出货的最好时机。

开盘后如果低开高走，这往往是"热门股"炒作信号。随着成交量的放大，股价也会随之平稳，此时可通过小时股价图、小时成交量图对"热门股"的走向趋势进行分析，判断是否买入。

另外，前一日暴跌的股票也往往会在上午 10:00 之前出现最低价，因此，我们可以考虑买进抢反弹。

其实，我们考虑是否买进暴涨的股票，可以从两方面进行考虑；一是查看股票是否已跌至支撑位；二是查看消息面，判断暴跌的股票有无再被炒起来的可能。

3. 上午 11:30

此时，是买入、卖出股票的第三次机会，如果"热门股"显示的信号是出货，那么上午的股票走势会随着成交量的放大，一浪高过一浪，此时，应立即抛出股票。

如果"热门股"显示的信号是炒作，说明上午的股市有可能将收市于最高价。随着成交量的不断放大，股票的走势会一浪高于一浪，此时应考虑买入股票。

4. 上午收市前与下午开市后

此时间段是多空双方拼斗的时间。中午停市休息，投资者可以有充足的时间研究股市的发展方向，并冷静地做出判断。因此主力大户常利用收市前的机会做出有利于自己的走势，引诱广大中小散户上当。一般情况下，投资者应该将收市前与开市后的走势综合观看，而不应该将其对立分开。

如果上午高收，下午就可能高开高走；如果上午低收，下午可能低开低走。此外，上午停牌的股票，尤其是热门股停牌后，下午开盘会影响股价的总体走势，投资者要结合公开的信息对此做出判断，以做好做多或做空的准备。

5. 下午 1:30 开盘时

此时，应该留心上午炒作的"热门股"的走向趋势，若成交量急剧放大，股价处于徘徊不上涨的境地，此时可能是庄家在出货，需小心应对。

6. 下午 2:00~2:30

这段时间是沪市"平仓盘"的时间，而当日最高价、次高价通常会在此时出现。因为此时是上午透支买入股票的大户拉高股价、出货的第四次时机，我们万不能错过这个大好时机。因为，当大户出货完毕后，极有可能对股价进行打压，再一次入货。

7. 下午 2:50~3:00

这是当日股市交易，股民买入、卖出股票的最后时机。此时，应注意查询自己买卖申报是否成交，以防透支、被罚款。

8. 下午 3:00 收盘时

收盘前的几分钟，投资者不可在最后做出决策，要谨慎小心，多观察少出手，如有异常情况在次日及早入市进行操作。

如果在临收盘前出现异常，常常是庄家在做盘。如果庄家明日出货，他们就有可能在尾市收盘的最后几分钟急速拉高股价，采取诱多的手法，以便在第二日交易时将不知情的追高者一网打尽。因此，投资者在第二日买进时要小心，以免落入庄家的圈套。

如果在收盘前的几分钟庄家吸货，使股价下跌，这是利用诱空的手法在第二日交易时把不知情的投资者在低位抛出的股票全部买进，以此降低建仓成本。因此投资者一定要细心观察，不要轻易将股票全部抛出，以免上当受骗。

从细节中看盘

试问我们有没有发现过类似的情况？当天开盘后自己看好的一只股票急速放量上攻，而且短时间内大批量成交。面对这样的股票我们会选择如何作为？放量跟进？不错，这是大多数股民的第一反应，因为任何一只股票，抛盘每天都会出现，上涨后往往抛盘会更大，这种情况下选择跟进的确是正确的选择。

但是这里我们看到的成交量随之放大并不是一个短期的概念，很多优质股票是拥有其独特的变换规律的，如果我们未能从一只股票中发现其独特的优点，以及这家企业的快速发展，那么无论盘口如何变化，也不要轻易出手。

正所谓看盘需要从细节出发，看到放量上冲后我们还需要看什么？必然是买盘的变化。

例如，我们观察多日的一只股票跳高 7 分钱，以 8.07 元开盘并伴以 5 万余股的成交量收盘，这等于 10 天均量线的 1/10。遇到这种情况我们该如何思考？一只股票突然发生变化必然会引发什么反应，正如案例中的股票股价跳高，成交量暴涨，这是股票涨势的预兆，这时我们应该选择买入跟进，但同时我们也要分析其中蕴含的风险，即根据以往的数据思考这只股票的涨势可以维持多久，其中下跌的概率为多少，当我们可以有效把握住这一时间节点后，这只股票就可以成为我们获利的工具。

除去这些变动的细节观察，我们还需要从哪些细节观察大盘呢？要从开盘前的 15 分钟中仔细观察。

开盘的前 15 分钟是我们需要细致观察的关键时间段，掌握开盘前 15 分钟可以让我们从股市里收获更多。

现在我们分享一下开盘后需要细致观察的重点：

（1）开盘后的 15 分钟内我们需要立即查看委托买进笔数与委托卖出笔数的多少，从而从中判断大盘中究竟有多少股会走多走空。

就通常情况而言，开盘 15 分钟内如果委买单大于委卖单达 2 倍以上，则代表当日非常适合买入。随后我们需要马上分析胜算较大的股票，研究出短线进出方法即可立即买进。

买入后待股价拉高后马上抛出获利，这时因为我们的买入只是针对当日大盘第一动向做出的决定，属于超级短线，所以绝对不可以拖延，获利即随之出手。

（2）开盘 15 分钟内，如果每笔买进张数与笔数的比例超过了 5∶0，或者连续多次出现大比值买入，也代表当日股市蕴含着各种商机，我们同样可以进行短线操作。

（3）观察开盘 15 分钟内的涨停板或跌停板变动。国内不是经常会出现涨时抢涨，跌时杀低的现象。针对这种现象我们可以预测出当日大盘可能涨停的股票，并且可以预测出手中持有股票的风险程度，如果发现持有股票存在危机，就需要及时出手，以免惨遭套牢。

细节看盘的方式虽然看似简单，但事实上需要长时间的磨合才能够总结出属于自己的看盘方法。很多新股民对于细节看盘方法并不擅长，认为这是一种高深的技能，事实上从细节上看盘更多是一种经验的总结，如果我们不去尝试可能永远无法学会这种看盘方法，只有我们将自己看中的股票的每一个细节分析透彻，才能够更准确地预测出股票的未来走势，才能够从中获得利益。

新股民看盘分析技巧

如果问股民用什么看盘，应该如何回答？回答用眼睛看的一定是新股民，回答用心看的一定是老股民，而回答用脑看的股民就是值得我们学习的前辈、强者了。

股民看盘需要一定的技巧，很多新股民在短时间内无法总结出自己的看盘窍门，我们想透析整个大盘，就绝对不能单纯依靠眼睛去观看去猜测股市的变动，如此盲目的看盘方式必然会让人迷惑，新股民看盘需要有切入点，有侧重点，有目的有方式地进行思考。

首先，我们需要从委买盘和委卖盘入手。

对于新股民而言，盘口中蕴含的各种变动都可以通过观察委买盘和委卖盘而得出，尤其是喜欢观察股市中主力庄家动向的新股民，更应该对委买盘和委卖盘进行详细的观察。因为大多数股市中的主力庄家会在此挂出巨量的买单或卖单，这标志着股市的未来走向。许多股市潜在动向就藏在其中，当主力庄家用挂单技巧引诱股民做出错误的买卖决定时，委买卖盘常发生巨大的变动。例如，有些主力庄家会挂出大的卖盘动摇持股者的信心，这时很多持股者会跟风出手，而股价随后却在不断上涨，最后我们则会发现辗转之后更多的股权回到了庄家手中。

这种隐藏的变动都是在委买盘和委卖盘中发生的，所以对于新股民而言，我们首先应该看到的就是这种变动。

那么我们如何正确预测这些动向呢？如何确保自己在这些变动过程中成为获利者而不是亏损者呢？

当委买盘和委卖盘发生变动时我们应该看到的是上压板、下托板。大量的委卖盘挂单俗称上压板；大量的委买盘挂单俗称下托板。通过观察上压板、下托板透析主力庄家的意图，然后可预测股价的动向。

在大盘当中无论上压下托，其目的都是为了操纵股价，产生股民跟风的效果。只不过这些主力庄家根据股票的不同价区，令上压下托发挥了不同的作用。

例如，当股价处于刚启动时期时，盘中出现了下托板，这就预示着庄家有可能在有意图地收购更多股份，这时我们可以选择以保守的方式跟庄追势，而如果随后又出现了股价不跌反涨的局面，则可以从中确定主力压盘吸货的可能性，这便标志着股价呈现出了大幅涨升的先兆。

其次，我们需要观察开盘尾盘的走势规律。

其实开盘也是有一定规律的。例如多头为了能顺利吸货，开盘后往往迫不及待地抢进，空头则为了能顺利地完成派发，开始故意拉高，这便造成了开盘后大盘急速冲高的现象，这种常见的现象造成了多头吸收到了便宜货，开盘后随即往下砸，直接影响了空头，使其看到股价后胆战心惊，不顾一切地抛售手中的股票。其中必定有很多新股民遭受了重大的损失。因为我们未能看出这种定性的变化，仅根据开盘后的变动假象而投资最终遭受了失败。

开盘后的变动大多是用来让我们分析随后变动趋势的，作为新股民，如果没有十足的把握不要轻易出手，尤其在开盘短时间内，结合前一天开盘尾盘的趋势做出正确决定才是最佳的选择。

再次，图测分析看盘。

我们可以看到很多所谓的股票分析公司，这些股票分析公司往往会拿出各种"马后炮"来形容自己多么神奇，然后开始劝说更多新股民相信他们，跟随他们的预测进行选股。

事实上选股的唯一根据只是看盘的数据分析，千万不要盲目相信所谓的专业人士，例如，一些所谓的股票分析师会向新股民推荐一些蛮力上涨的股票，殊不知股价上涨最常见的规律是上攻—平衡—下跌。这些蛮力上涨的股票往往是强弩之末，当我们跟风买入后则会发现，事态发生了变化，然后当我们等待再次上涨时却发现，股票开始下跌了。

这时候股票分析师开始责怪我们没有在最佳的时期出手，而很多新股民直到最后都不知道问题究竟出现在了哪里。

　　如果我们不能分析出一只股票的涨势图中蕴含的未来发展趋势，千万不要轻易买入。图测分析看盘是所有新股民应该学习的一种技术。这种技术不仅是一种数据统计，更是一种总和分析，将图测数据结合股市中的各种规律可以从中总结出很多经验，并且大幅度减少炒股过程中的未知风险。

　　最后，深度思考买卖盘的动向。

　　事实上，买卖盘是股市庄家主力动向的展示窗口。股市中股民谈论最多的应该是股票主力的动向变化，如何把握好主力的动向成了所有股民每天思考的主要问题。虽然探寻主力动向的方法有很多，但是深度思考买卖盘的变动是其中不可忽视的看盘技巧。

　　对于新股民而言，或许我们对数据分析还缺乏足够的了解，但是看盘方法，以及对这种直观数据的思考是所有新股民可以轻松完成的工作。

　　如果我们在看盘过程中准确观察了主动庄家的动向窗口，就可以从中认识到所持有股票短时间内的变化趋势，甚至预测出股票的未来价格。所以说，看盘必看主力买卖盘窗口，通过对主力的观察来决定自己的变动。

　　新股民看盘其实并没有我们想象的困难，很多新股民认为，由于自己初入股市，所以对大盘的把握不够准确，从而更多时间是在询问他人大盘将如何变动，未来趋势如何，这就导致我们彻底失去了看盘分析的主动性，从而把自己的主动权交到了他人手中。

　　作为一名新股民，如果我们可以从以上几点中把握住自己的眼光，那么我们的看盘技巧不仅可以有所提升，同时我们对大盘的把握程度也可以更加紧密，从而由股市新手顺利成长为股市行家。

第六章 开盘：发掘第一桶金

投资者想要把握投资方向，除了需要了解上涨股票的特征外，还应学会对大盘形势的分析并掌握基本的操作。有些投资者在看盘时只关心自己买入的股票是涨了还是跌了，而忽略了盘面上更多的信息。实际上，盘面给予的内容是很多的。

开盘是一个交易日的开始。在开盘后的半小时内，行情很不稳定，却很重要，因为它的变化奠定了大盘一天的走势基调。开盘操作是否适当，决定投资者当天是否能发现并发掘到属于你的第一桶金。以下提供一些具体操作的方法供大家参考。

从前一日大盘走势看起

在每日正式开市前，浏览大盘和个股的时间，是一天中最宝贵的时间。个股运动的方向大部分是跟随当日大盘方向的，而当日的大盘走势又和前一个交易日的大盘走势密切相关。因此，要分析当日的大盘走势，就必须从前一个交易日的大盘走势看起。

多数情况下，个股的开盘对前一日的收盘情况会做出一定反应。因为股市的运作具有一定的惯性。如果前一日尾市下挫，今日开盘时一般会延续这一惯性的发展；反之，也是同样道理。但也会出现例外情况，比如投资者有利用开盘出货的动机，或主力的诱空行为等。

一、如果前一日是阳线

（1）开盘价高于前一日的最高价。表明买卖双方实力强大，股价如果是经过缓慢上升后出现的，就可以大胆地跟进。这里的缓慢上升是庄股在蓄势，没有蓄势的暴涨股票持续的时间很短，一般只有两天的时间。

（2）开盘价在前一日开盘价与收盘价之间，表明买方的实力受到考验，卖方随时都有反击的可能，因此投资者应密切关注股市的动向，股市随时将有反转的可能。

（3）开盘价在前一日收盘价与最高价之间，表明多方有信心并有实力继续上扬。而买方的实力有限，投资者需要观察卖方的实力再决定进一步的行动。

（4）开盘价在前一日开盘价（或最低点）之上，是卖方对买方进行的一次考验，如果买方进行有力的反击，则可以继续被看好，否则，股市有发生反转的可能。

（5）开盘价在前一日最低价或最低点之下，卖方经过一夜后突然反攻，股市上一定发生对卖方极其有利的事件，显然股市会发生大的碰撞，这时的投资者如果是多方，应改为空方；如果是空方，应继续观望。

二、如果前一日是阴线

（1）开盘价比前一日最高价还要高，表明股市产生了重大的利于股市上涨的条件，在这种条件下，股市必然会有暴涨的趋势，并有持续增长的可能。开盘后股市都有一个回调过程，调整的低点是我们买进的最好时机，第二天就可以获利。

（2）开盘价在前一日最高点与开盘价之间时，表明股市的买方是以试探卖方的形式出现，价格下调的过程中，投资者要看卖方有多大的抛压，以此决定今后的操作。如果抛压很大，说明股市需要经过长时间的调整，才能再决定去向。

（3）开盘价在前一日的开盘价与收盘价之间，一般买方是继前一日收盘前的上扬而高开一点，这说明买卖双方的实力与前一日相比无明显变化，还需进一步观察后再采取措施。

（4）开盘价高于前一日最低点而低于或平于前一日收盘价格时，表明卖方主力继续呈强，买方实力相对较弱，市场将沿着向下趋势继续下去。

（5）开盘价低于前一日最低点时，表明卖方占据了绝对优势，买方全线溃退，股市下跌的速度将要加快。

开盘价格是买卖双方当日较量的第一个回合，双方是经过一夜的深思熟虑后做出的抉择。它表明双方当天所坚持的立场。把开盘价格与市场的整体结合在一起效果会更佳。

经过对前一个交易日的大盘分析后，投资者基本上可以对当日的开盘走势有一定的预测，并决定是买卖还是观望。

在盘口捕捉超级短线黑马

通过集合竞价开盘来浏览大盘和个股，是捕捉当日黑马的最佳时刻！因为通过观察大盘开盘的情况（是高开还是低开），能发现个股是怎样开盘的，庄家的计划又是怎样。重要的是，要在这短短的时间内迅速做出反应。具体方法如下：

（1）开盘前，将选择出的可能上涨的股票放到自选个股中进行重点观察。

（2）开盘价出来后，可以按照上述方法判断大盘当日的走势，进一步筛选个股。

（3）选出首笔成交量大，量比也大的个股。

（4）快速分析这些个股的技术指标，选出技术上支持上涨的个股。

（5）开盘成交时，紧盯选出的有潜力的个股，如果成交量连续放大，量比也大，观察卖一、卖二、卖三挂出的单子是否都是三四位数的大单。

（6）如果该股连续大单上攻，应立即打入比卖三价格更高的买入价。

（7）一般情况下，股价开盘上冲10多分钟后都有回档的时候，需要看准个股买入。

（8）在开盘 10~15 分钟后，综合各种因素，买入具备以上条件的个股，会提高安全系数。

抓到当天的黑马，是新股民学习大盘操作，发掘到名副其实的"第一桶金"的重点。

从开盘 30 分钟预测当日价格趋势

在开盘后 30 分钟，投资者所做出的投资决策是较为理性的。这期间最能反映参与者的多空力量对比，因此，通过这 30 分钟大致可以分析当日的全天走势。

一般短线散户喜欢将手中要了结的股票在开盘后 30 分钟抛掉，而市场主力也会利用投资者在这段时间的浮躁心理，在开盘后 30 分钟完成当日的拉高、试盘、洗盘等任务。

因此，要从开盘后的 30 分钟预测当日价格趋势，要从以下三方面进行分析：

一、阶段分析

（1）9:30~9:40，这 10 分钟内盘中买卖量不是很大，因此用不大的量即可以达到预期的目的，主力机构会采取多种方式对当日操作计划进行修正。

（2）9:40~9:50，多空双方进入休整阶段，一般会对原有趋势加以修正。因此，这 10 分钟是选择买入或卖出较为重要的一个转折点。

（3）9:50~10:00，随着参与交易的人越来越多，买卖盘变得可信度较大，因此，这段时间的走势基本上成为全天走向的基础。

为了能够正确地把握走势特点与规律，可以以开盘为原始起点，然后以开盘后的第 10 分钟、20 分钟、30 分钟指数或价位移动点连成三条线段，因此，通过开盘后 30 分钟的走向可以预示当日的价格趋势。

开盘后 30 分钟的走势很关键。如果开盘时均价与股价的关系基本保持平行。在此期间，如出现向上大笔拉升的现象，要观察股价与均价的位置决定是否买入，如果股价脱离均价 2%以上，均价却无力上升，则不可追高。

开盘后 30 分钟形态的强度决定了该股当日能否走强，可以判断庄家当日做盘的决心。

二、基本形态

1. 跳空高开，高开高走

投资者可观察 5 分钟 K 线图，如果出现连续的缺口，且高点上移，不回补缺口，回档在盘中进行，同时成交量放大，强势出现，则短线小仓位可及时介入。

2. 跳空低开，低开低走

投资者可观察 5 分钟 K 线图，如其出现连续的缺口，且逐渐下行，应待其反弹，如果成交量不予配合，应及时离场。

3. 震荡走弱

其可分为两种情况：

（1）高开冲高回落的走势。如果在这种走势下出现低位，可以看做短期离场，中期吸纳，一般收长阴，为主力打压吸筹，如果涨幅达到一倍以上，而且出现两次高开长阴，无论是否出现巨量，都应离场。

（2）平开或低开反弹走弱。盘面特征显示上涨过快，后续量能不足，走势回落，此时应区别对待：如果是低位，可能是主力边试盘边吸筹；如果是高位（尤其是大箱体内），有可能是主力震荡出货。

4. 震荡走强

其可分为两种情况：

（1）高开低走后走高。如近日连续走强后，今日出现冲高走弱，稍作休整，再度走强，强势已显露无遗，盘中完成换手，如果高位出现此种情况应密切关注量能，不能异常放大。

（2）低开低走后走高。盘面特征表现为剧烈震荡，从量能上看，空方走向衰竭，此时介入可作反弹。若为小盘股，频繁出现高开低走，说明主力吸筹困难，故意造成短线利差诱空。

上述为几种价格走势的基本形态，关键看前30分钟的收盘价，它近似相当于全天的收盘价，也就是说，如果30分钟是阳线则全天走高的可能性大；反之亦然。

三、成交量

预测全天收盘指数时应该结合量价原理分析成交量的变化。

（1）价升量增形态全天收阳线的概率大，价升量减形态全天收阳线的概率小。

（2）冲高回落形态，如果回落过程中成交量逐步放大，短线投资者可逢低吸纳，全天有望保持30分钟收盘价格；如果回落过程中成交量逐步缩小，全天收盘有可能保持不了30分钟收盘价格。

回落过程中，成交量不同的情况要不同对待，股市里是充满变数的，不能教条对待。一些控盘庄股在回落过程中，如果成交量快速缩减，说明筹码锁定程度高，全天收盘也可以维持30分钟价位。有时虽然在回落过程中成交量未见缩减，但是主力的对倒护盘造成的虚假成交也会出现打破开盘30分钟多空平衡力量的情况，在这一点上，投资者应该具体问题具体分析。

开盘30分钟是新股民预测价格趋势，在开盘发掘"第一桶金"的又一次机会。

从开盘跌涨中找出后市价格变化规律

从开盘中，可以找出后市的价格变化规律，这个规律是什么？我们在前一日收盘价的基础上做一下详细的介绍。

一、先涨后跌再涨的情况（如图6-1所示）

（1）价格迅速上涨出现暂时回落，却未能低于开盘价；再涨时创出新

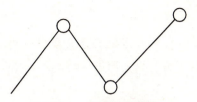

图 6-1　先涨后跌再涨

高。这显示着多头主力的力量很大，收阳基本已成定局。

（2）价格先涨后跌，却未能低于开盘价；再涨时并没有创出新的高点，则说明多头主力的力量不足，只是稍占优势，一旦遭遇有力的下挫，收阴的可能性较大。

（3）价格先涨后跌，并低于开盘价；再涨时创出了新的高点。这显示多、空双方主力之间的分歧比较大，当天所出现的震荡幅度也就会相对较大，但是，最终仍然可能会收阳。

（4）价格先涨后跌，并低于开盘价；再涨时无法创出新高。这显示空头主力力量强大，当天面临的调整压力较重。

多头主力一旦冲高无力，马上就会出现急挫的现象，只有在底部得到了足够的支撑，才可能有较强力度的反弹出现。当天所出现的震荡幅度也就会相对较大。

二、先跌后涨再跌的情况（如图 6-2 所示）

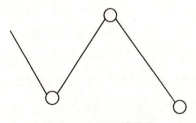

图 6-2　先跌后涨再跌

（1）开盘股价下跌，反弹时未能高于开盘价，第 3 个 10 分钟则继续了第一个 10 分钟的再跌，创出新低。这显示空头主力的攻击力量强，收阴的可能性较大。

（2）开盘股价下跌，反弹时未能高于开盘价，再跌时却没有创出新低。则说明空头主力的力量不足，只是稍占优势，一旦出现有力的上扬，收阳的可能性较大。

（3）开盘股价下跌，反弹时却高于开盘价，再跌时又创出新低。这显示多、空双方主力之间的分歧比较大，当天所出现的震荡幅度也就会相对较大。但是，尾盘最终仍然可能会收在较低位置，并以阴线报收。

（4）开盘股价下跌，反弹时却高于开盘价，再跌时无法创出新的低点。这显示多头主力的势力强大，当天所面临的下档支撑较大，一旦出现下探无力的情形，马上就会出现急升的现象，只有底部得到了足够的支撑，才可能有极强力度的冲高机会出现。

三、先涨后涨再跌的情况（如图6-3所示）

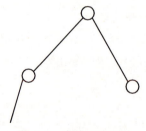

图6-3　先涨后涨再跌

（1）开盘股价上涨，下跌时却未能低于开盘价。这显示着此日相当乐观，多头主力的攻击力量很大，收阳基本上也就成为定局。

（2）开盘股价上涨、下跌时创出了低于开盘价的新的低点。这显示着空头主力的攻击力量极大，当天所出现的震荡幅度也就会相对较大，其下探的幅度也就较深。

四、先跌后跌再涨的情况（如图6-4所示）

（1）开盘股价下跌，反弹时却未能高于开盘价。这显示空头主力的攻击

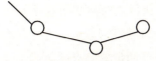

图 6-4　先跌后跌再涨

力量很强，收阴基本已成为定局。

（2）开盘股价下跌，反弹时却创出了高于开盘价的新高点。这显示此日的发展较为乐观，多头主力的攻击力量相对较强，当天所出现的震荡幅度也就会相对很大。但是，如果它出现在相对较高的位置盘整之后，则有可能是空头主力诱多行为，后市会出现急跌。

五、先涨后跌再跌的情况（如图 6-5 所示）

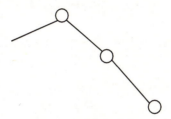

图 6-5　先涨后跌再跌

开盘股票价格上涨，下跌时创出了低于开盘价的新的低点。这显示此日的发展不容乐观，空头主力的攻击力量强大，当天所出现的震荡幅度很大。如果它出现在相对较高的位置经盘整之后，则极有可能是空头主力的诱多行为，后市则有可能出现急跌。

六、先跌后涨再涨的情况（如图 6-6 所示）

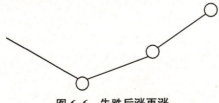

图 6-6　先跌后涨再涨

开盘股票价格下跌、上涨时却创出了高于开盘价的新高。这显示着此日的发展十分乐观，多头主力的攻击力量极大，当天所出现的震荡幅度相对很大。如果它出现在相对较低的位置经盘整之后，则极有可能会是多头主力的诱空行为。

只要从开盘涨跌找到后市价格变化的规律，并能够适当操作，同样可以在开盘时发现金子！

第七章 盘中：细心观察，适时出手

深、沪两市开盘时间是每周一至周五 9：15~9：25 集合竞价，9：25 开盘，9：30~11：30，13：00~15：00 连续交易。除去开盘和尾盘各半个小时，其余 3 小时都是盘中时间。这是股市多、空双方搏杀的阶段。因此新股民要在这个阶段细心地观察，才能适时地出手盈利。

分清盘中的三个阶段

如果我们把开盘当作是序幕，盘中则是多空双方正式交手的过程。为了认识盘中多、空双方的较量，便于适时出手，我们把它分为以下三个阶段：

一、多空搏斗阶段

如果股价或指数长时间平行，表明多、空双方战意不强。股价或指数波动的频率越高，表明多、空双方搏斗得越剧烈。

多、空双方任何一方想要取胜，不仅需要依赖自身的实力，包括资金、信心、技巧，还要考虑消息和人气等方面的因素。

二、多空决胜阶段

多、空双方经过拼杀后打破僵局，走势出现明显的倾斜，若多方占据优势，则步步推高，若空方占据优势则步步下移。

胜利方将乘胜追击，扩大战果。另一方见大势已去，将失去抵抗。此时，是进出的最佳时机。早了，涨跌不明，危险很大；晚了，则痛失良机。在这个阶段买卖股票最为稳当。

这个阶段需要关注的问题：

1. 指标股

如果指标股涨势强劲，大盘没有下跌的趋势；如果指标股趋弱，大盘则必然下挫，多头指标股沦为空头指标股，跌速加快。指标股是多、空双方争斗的重点。

2. 涨跌家数

一般情况下，个股猛涨对大盘的走势有害无益。资金过于集中于个股，使大盘缺乏资金，造成恶性循环。观察涨跌家数，辨别多空力量的最佳时间是收盘前一小时。

3. 波动次数

波动振幅大，次数多，在跌势趋于上涨，在涨势趋于下跌。一般情况，如果一个交易日中有 7 次以上的较大波动，则有反转迹象。

三、强化阶段

将 14:30 前盘中出现的最高和最低点取中间值，若此时价格在中间值和最高点之间运行，涨势会进一步强化，尾市有望高收。若此时价格在中间值和最低点之间运行，则往往出现尾市杀盘。

多空强化阶段是盘中的最后阶段，形势已经明朗化，盘中一般会出现强者越强、弱者越弱的情况。因为败方大势已去，无时间还击。

投资者可以细心观察以上三个阶段多、空双方所表现出的特点，适当出手，把握盈利的时机，但要注意的是这三个阶段是不包括利空和利多消息影响的情况，如果有消息影响，结果就会不同。

盘中看盘的技巧

看盘和选股一样也需要一定技巧，盘中看盘的具体操作技巧如下：

（1）个股低开高走，由跌变涨，拉升超过跌幅 1/2，此时股价回调跌不下去，短线可于昨日收盘价附近，挂内盘价买进。

（2）个股高开高走，回档不低于开盘价，股价重新上涨，表示主力会较坚决，等第二波高点突破第一波高点时，投资者应加仓买外盘价跟进或用涨停法少量抢进。

（3）大势底部时，个股如果形成 W 底，头肩底，三重底，圆弧底时，无论高开低走，还是低开低走，只要盘中拉升突破颈线，此时突放巨量，投资者不宜追高，可等到其回调颈线且不破颈线时买进。在低开低走行情中，虽然个股仍处底部，但仍然属弱势，中线可等到突破颈线时，当日的收盘价高于前一日收盘价。

（4）个股低位箱体走势（低开平走，平开平走，高开低走）向上突破时可跟进，如果当日股价走势出现横盘，投资者最好采取观望态度，预防主力震荡出货。如果出现放量向上突破时，尤其是高开或平开平走，时间又已超过 1/2 时，此时可挂外盘跟进。如果是低开平走，原则上只看做弱势止跌回稳的行情，可少量介入，不宜大量跟进。

（5）个股高开低走，反弹无法越过当日最高点，跌破前波最低点，应卖出。

（6）大势下跌时，如果个股低开低走，破前一波低点，应卖出弱势股。有实质利空出台时，低开低走，反弹无法超过开盘，如果再下破第一波低点时，应市价卖出。

（7）个股形成头肩顶，三重顶，圆弧顶时，跌破颈线时应及时卖出，若此刻未卖，应趁跌破后股价拉回颈线后反弹无力时，赶紧做卖。

（8）箱形走势下跌时及时杀出。无论高开平走、平开平走甚至低开平走，呈现箱形大幅震荡时，一旦箱体低点支撑失守，应毫不犹豫地抛光持股，若此刻没有及时卖出，在箱形跌破后，也许会产生拉回效果，此刻反弹仍过不了原箱形低点，代表弱势，再度反转向下之时赶紧做卖。

盘中捕捉买卖点时机

新股民想要盈利，应该学会在盘中捕捉买卖点的机会，即何时买进，何时卖出。具体操作方法如下：

一、买点时机

（1）个股以跌停开盘，涨停收盘，表示主力拉抬力度极强，行情将大反转，投资者应迅速买进。

（2）股价在箱形盘整一段时日，有突发利多向上涨，突破盘局时便是买点。

（3）按年利率5%计算，市盈率降至20%以下时，股票的投资报酬率与存入银行的报酬率相同，投资者可买进。

（4）股价已连续下跌3日以上，跌幅已经逐渐缩小，且成交也缩到底，若突然变大且价涨时，表示有大户进场吃货，投资者宜速买进。

（5）股价由跌势转为涨势初期，成交量逐渐放大，形成价涨量增，表示后市看好，投资者宜速买进。

（6）6日乖离率已降至-5~-3且30日乖离率已降至-15~-10时，代表短线乖离率已存在，可买进。

（7）移动平均线下降之后，先呈走平势后开始上升，此时股价向上攀升，突破移动平均线便是买进时机。

（8）短期移动平均线（3日）向上移动，长期移动平均线（6日）向下移动，二者形成黄金交叉时为买进时机。

（9）股价在底部盘整一段时间，连续2天出现大长红或3天小红或十字线或下影线时代表止跌回升。

（10）股价在低档 K 图出现向上 N 字形的股价走势及 W 字形的股价走势便是买进时。

（11）股价由高档大幅下跌一般分三波段下跌，止跌回升时便是买进时机。

（12）6 日相对强弱指标（RIS）大于 12 日 RIS 且在 20 以下，K 线图出现十字星表示反转行情已确定，投资者可速买进。

二、卖点时机

常见的卖出信号分析如下：

（1）股价暴涨后无法再创新高，虽有二三次涨跌，大盘仍有下跌的可能。

（2）股价在经过某一波段下跌后，进入盘整，如果久盘不涨而且下跌时，投资者应该迅速卖出手中持股。

（3）在高档出现倒 N 字形或倒 W 字形（W 头）的股价走势，大盘将反转下跌。

（4）在高价出现连续三日巨量长阴，代表大盘将反多为空，投资者可先卖出手中持股。

（5）股价跌破底价支撑之后，如果股价连续数日跌破上升趋势线，股价将继续下跌。

（6）30 日乖离率为+10~+15 时，6 日乖离为+3~+5 时代表涨幅已高，投资者可卖出手中持股。

（7）短期移动平均线下跌，长期移动平均线上涨交叉时，称为死亡交叉，此时投资者可先卖出手中持股。

（8）股价在高档持续上升，当成交额已达天量，代表信用太过扩张，应先卖出。

（9）在高档出现连续 3~6 日小阳或小阴或十字线及上影线，再追价意愿已不足，久盘必跌。

（10）股价高档出现 M 头及三尊头，且股价不涨，成交量放大时，投资者可先卖出手中持股。

（11）艾略波段理论分析，股价自低档开始大幅上涨，若无法再创新高时，投资者可卖出手中持股。

（12）多头市场 RSI 已达 90 以上为超买行情时，可考虑卖出手中持股。空头市场 RSI 达 50 左右时即应卖出。

投资者要学会把握好买卖点的节奏，不盲目买进卖出，做到有方法地盈利。

盘中捕捉涨停板的方法

最令投资者兴奋的莫过于所投资的股票涨停，这意味着投资者的投资有了回报，要捕捉涨停板就要在盘中进行认真细致的分析和及时果断的操作。

一、捕捉涨停板的方法

1. K 线组合的意义和影响

K 线组合透露着股票价格运行趋势的征兆。对诸如"两红夹一黑"、"曙光初现"、"三个红小兵"等 K 线组合及均线系统要认真分析研究，这对捕捉涨停很有实用的价值。

2. 集合竞价情况的分析

集合竞价往往显示出多方当日投入资金及重点攻击对象的蛛丝马迹。分析集合竞价情况，可以提高涨停板的捕捉概率。

投资者在分析的过程中，要结合该股票在前一交易日收盘时所滞留的买单量，特别是第一买单所聚集的量的分析。一般情况，如果一只股票在前一交易日是上涨走势，收盘时未成交的买单量很大，当天集合竞价时又跳空高走并且买单量也很大，那么这只股票承接昨日上升走势并发展为涨停的可能性极大。结合 K 线组合、均线系统状况等情况的综合分析确认具备涨停的一系列特征之后，要果断地以略高的价格挂单参与竞价买入。也可以依据当天竞价时的即时排行榜进行新的选择，捕捉到最具潜力的股票。

3. 冲高回落的幅度

股价冲高要回落，这是股票价格变化的必然。但是这并不意味着股价冲高回落没有操作价值，相反其冲高回落的幅度和角度，对股价当日的走势有着重要的意义。

一般情况下，对开盘后半小时和午市开盘后的半小时的走势必须十分关注，因为这时候股票价格的变化，对股票价格全天的走势有着一定的指导价值。这时股票价格回落的幅度不破 0.382 的黄金分割线，在其掉头向上冲破前期高点时买入，捕捉到涨停板的可能性较大。如果涨停板打开，在回落过程中受到了 0.382 的黄金分割线的强有力的支撑也可果断买入，这往往会令投资者得到丰厚的回报。

4. 二次上攻时的动能

动能是股票价格波动的能量，动能大小从股价走势的角度上反映出来。上攻角度越大，动能越大，当上攻角度大于 60 度时，它集中反映做多动能不可抑制。但股价上冲一般难以一蹴而就，总要在上攻后有一回落然后二次上攻。动能较大时要以高于成交价买入，否则容易踏空。

5. 均线的支撑情况

股票价格的即时走势大多无序，把握起来比较困难。而均线则较多地体现出一些规律，把握起来就相对容易。均价线对即时股价有着一定的影响。股价回落获得支撑，上涨成为必然，支撑的力度越大，上涨的幅度也就越大。关注均线支撑对捕捉涨停很重要。

6. 主力资金思路、风格及操盘细节

涨停板实际上就是主力资金重兵介入的信号。因此，要研究目标股主力资金的操作思路、做盘风格及操盘细节。努力做到与主力资金心心相印，买股票先主力一步介入，出货时先主力一步出场。

二、捕捉涨停时要注意的问题

1. 大部分涨停不能追

多数涨停属于技术形态不好情况下的涨停。在实际买卖中，为把风险减

为最低，必须是在个股本身技术形态良好、存在一定上扬空间、庄家向上做盘意愿强烈以及大盘的条件相对配合等因素都具备的情况下，才能采取追涨停的行动。

2. 越早涨停的股票越好

因为短线跟风盘十分注意当天出现的机会，前几个涨停最容易吸引短线盘的目光，并且在开盘不久就能涨停，说明庄家是有计划地进行拉高，受大盘当天涨跌的影响不会太大。

3. 不要追连续第二个涨停

由于短期内获利盘太大，可能出现抛压。但牛市里的龙头股或特大消息股例外。

新股民可以利用上述方法学习捕捉涨停板，并且熟练掌握，一旦准确捕捉到它，获得的收益将是非常可观的。

在极强的市场中，尤其是每日都有 5 只左右股票涨停的情况下，要大胆捕捉涨停板。极弱的市场概率相对偏小一些。

第八章 尾盘：捕捉最后盈利的机会

开盘是序幕，盘中是过程，尾盘才是定论。尾盘是多空一日拼斗的总结，其重要性在于尾盘处于承前启后的特殊位置，既能回顾前市，又可预测后市，在操作中的重要地位非同一般。能否控制好尾盘的操作，意味着投资者能否捕捉到最后盈利的机会。

识别尾盘主力对敲的手法

庄家拉升和打压股价的时候，经常会采用自买自卖的手法，我们称为对敲。对敲手法是庄家为了制造无中生有的成交量并利用成交量制造有利于庄家的股票价位。

对敲，是庄家常用的操盘手法。对敲的方式总结起来有以下几种：

一、建仓时的对敲

庄家通过对敲压制股票价格，是为了可以在低价位买到更多的筹码。在个股的 K 线图上表现为股票处于较低的价位时，股价往往以小阴小阳的形态沿十日线持续上扬，这说明有庄家在积极吸纳。其后成交量放大并且股价连续下跌。这期间股票价格基本是处于低位横向盘整，成交量却明显放大。这时候盘面表现为，股票下跌时，每笔成交量明显大于上涨或者大于横盘时的单笔成交量。如果能够在这个时候识别出庄家的对敲建仓，投资者可以趁机低价买入。

二、拉高时的对敲

庄家利用对敲手法大幅度拉抬股价。在庄家基本完成建仓过程之后，股票价格往往会以较大的手笔大量对敲，制造该股票被市场看好的假象，提升持股者的期望值，减小日后该股票在高位盘整时散户抢着出货的压力。在这个时期，散户投资者往往有买不到的感觉，需要高报许多价位才能成交。这时候盘面表现为小手笔的买单往往不易成交，而单笔成交量明显在有节奏地放大。其实在这个时候，仍然会买到比较便宜的股票。

三、震仓时的对敲

因为外围跟风盘的获利已经比较丰厚，庄家会采用大幅度对敲震仓的手法，使一些不够坚定的投资者出局。这期间的盘面表现为高点和低点的成交量明显放大，这是庄家为了控制股价涨跌幅度而用相当大的对敲手笔控制股票价格所造成的。

四、出货时的对敲

当经过高位的对敲震仓之后，股评分析也都看好长期走势。股价再次以巨量上攻，这时庄家开始出货，这期间的盘面表现为，出现的卖二、卖三上成交的较大手笔，而卖二、卖三上没有看到大的卖单，成交之后，原来买一、买二甚至是买三上的买单已经不见，或者减小了。这往往是庄家运用比较微妙的时间差报单的方法，对一些经验不足的投资者布下的陷阱，散户"吃"的往往是庄家事先挂好的卖单，而"喂"的往往是跟风的买家。

五、反弹时的对敲

庄家经过一段时间的出货之后，股票的价格下跌，许多跟风买进的中小散户已被套牢，成交量明显萎缩。这时，庄家会找机会以较大的手笔连续对敲拉抬股价，但是这时的庄家已经不会再像以前那样卖力，较大的买卖盘总是突然出现又突然消失，因为庄家此时对敲拉抬的目的只是适当拉高股价，以便能够把手中最后的筹码也卖个好价钱。

新股民若能抓住庄家对敲的规律，就好像掌握了庄家的脉搏。只要有足够的耐心，就可以在尾盘捕捉到又一次盈利的机会。

大盘暴跌时的操作方法

一般而言，天价出现在天量出现后的两三个交易日。即使外围股市太差而导致股指的继续走弱，天价也会在五个交易日内出现。天价后随之而来的就是大盘的暴跌。此时应进行如下操作：

一、不可一味杀跌

不要在暴跌时卖出股票，投资者往往会被急速下跌的股价吓得惊慌失措而抛出股票。此时抛出股票是为了解除惊慌，而不是这种股票到了应该抛出的地步，所以暴跌时不宜在低位杀跌，即使要走，也要到第二天大盘反弹时再走。

二、暴跌是一种买入机会

我们可以逢低买入心仪的股票。平时看好一只股票也许不敢买，因为股价一路上涨，在大盘震荡时才可能停下来，这时就是你买入的机会了。具体而言，符合以下几个条件的股票走势，就是你可以买入的机会。

1. 刚刚突破平台就遭遇大盘暴跌的股票

此类股票之前已盘整很久，主力或是吸货，或是洗盘，终于具备向上突破的条件，却遭遇大盘的回落，此时只能让市场也随着大盘震荡。这种震荡的盘面特征和普通股票的区别为：普通股票的震荡是随着大盘的下跌而随机波动，跌幅往往大于大盘，回档时的力度又会弱于大盘。而此类股票股价下跌到一定幅度时，就跌不下去了，表示某一个价位总是有资金在护盘，抛盘到了这里无论怎么抛，股价仍然在一个固定区域小幅波动，拒绝继续下跌。

2. 上攻途中遭遇大盘暴跌的股票

此类股票已形成向上突破的趋势，有了一定的涨幅，但由于大盘的突然暴跌，这时主力庄家也会顺势而为，借机进行洗盘。因为在一个不断上升的股票里投资者抛盘的意愿几乎是零。盘面特征为：股价高开后略有冲高就出现快速回落，这种回落的幅度有时候比大盘的回落还要深，但很快又会迅速拉起来。而当你认为马上就要大涨的时候，股价又会再次快速回落，而后又是快速地拉起，但随着这种动作的重复，幅度会越来越小，成交量也随之越来越小，往往在尾市又拉了回去。一般情况下，这种强势股的震荡洗盘不会超过两天，所以在突遇大盘暴跌时买入这类股票，是一个快速获利的机会。

3. 有利好预期的股票

此类股票本来有一个明确的利好预期在前面等着，突遇大盘暴跌，这也是一个绝好的买入机会。比如某只股票预计在两天后出业绩，这个业绩已经预告了为预增或是扭亏为盈，并且股价已做出提前反应，这时就给了你一个节约时间成本的买入机会。

三、稳健型的操作

稳健型的操作者可静观大盘变化，在大盘未进入新的上升通道前，也可空仓或轻仓观望。

股市变幻莫测，正确的操作也许不一定每次都能见效，但正确的操作肯定能培养出正确的思维，这样才会不断孕育出更加正确的操作，实现盈利。

透过尾盘判断次日开盘

一、涨势中（上升趋势）

（1）尾盘价涨而成交量减少，次日开盘为跳高开盘，随即卖盘抛压将明显转大。此时不可追进也不必杀出。

（2）尾盘价跌而成交量放大，次日一般以平开或高开方式开盘。除非该股涨幅太大，成交量也放出天量的长阴，否则一般在尾市最后 15 分钟会出现急速下跌，这是主力洗盘的特征。应持股数日再定进出，没有利空的情况下，仍会高开高走。

（3）尾盘价涨而成交量放大，表示股市人气旺盛，看涨心态浓厚，次日一般以高开方式开盘。投资者可大胆追涨，仍会高开高走。

二、盘整中（均线系统呈横盘整理，十日均线走平）

（1）尾盘价跌成交量放大，次日一般以平盘或低开方式开盘居多，这种现象开盘往往代表上攻资金参与不积极，预示大盘将转入调整或下跌阶段。投资者不宜贸然抢进。

（2）尾盘价涨成交量也放大，这表明当日大盘攻势，多方明显强于空方，次日一般以平开或高开方式开盘，投资者不宜介入。

（3）突破关键关口时成交量与价格放大，说明多方信心十足，致使成交量与价格同步增加，次日一般以大幅高开方式开盘，然后再走出高开低走回档盘整的走势。

三、跌势中（下降趋势）

（1）尾盘价跌成交量减少，说明空方强于多方，次日将小幅低开开盘，再急速或逐步下跌。此时不宜恐慌抛出，买入则要等到次日探底时择机而入。

（2）尾盘价跌成交量放大，可能是主力诱空行为，此时不宜抢反弹，应果断离场，一旦次日有平开或高开情况，反弹有望展开，投资者可择机而入。

（3）尾盘价涨成交量也放大（K 线是收小阴或小阳），次日将以高开方式开盘呈震荡反弹走势。这种反弹不宜看得太高。

四、特殊尾盘处理

（1）如果尾盘多方大力上攻，在攻势太猛的状况下修正反弹，但临时又被空头故意打压，使大盘收于最低点，次日以平开或低开方式开盘，仍是一个下跌走势。

（2）如果尾盘形成明显趋势，而且最后10分钟放量上涨，说明短线资金入市，次日应以高开方式开盘后，空方的卖盘便将于趋势之中打压。

在一个交易日结束前，新股民需要注意的是，多空双方在这段时间会对收盘股指和股价进行激烈的争夺。因此，一定要当心主力的骗线、拉高或打压的行为，达到最后盈利的目的。

第九章 新股民看盘操作要点

大盘操作决定资金投资的成功与否，只有正确地判断好大盘，才能确保资金能获取可靠的利润，对于投资者来说，大盘的操作除了要有精益求精的判断，还需要有正确的态度，这两项功课缺一不可。要做到用正确的态度指导判断，用正确的操作端正态度，需要做到以下三点：

拒绝后悔情结

股市中不断重复上演着这样的一幕：投资者不断在对高价没卖后悔，买后跌了后悔，卖后涨了更后悔；本来赚了很多没有卖，转熊了后悔，甚至没有在最低价购入也后悔……总之一句话：没有满足的时候。新股民入市的时候有必要注意拒绝这种贪婪的后悔情结，保持心态上的平和。

"有两个犯人从牢房的铁窗向外望，一个看到了满地的泥巴，另一个看到了夜空中灿烂的星星。"股市和牢房一样容易使人产生烦躁的情绪，茫茫股海有人赚就一定有人亏，而正是大多数人的这种贪婪的后悔情结成就了一部分人的财富。赚了钱就不需要后悔，戒贪戒躁是每一个有着良好获利意愿股民的必修课。财富毕竟不是一天内从天而降的，每次少赚取一些利润很容易做到，梦想着天天抓住黑马毕竟是不可能实现的；亏了钱就更没必要后悔，因为此时后悔于事无补，只能更加重了炒股的心理负担。那些能够从失败中吸取经验和教训，甚至看到希望的人才会是最后的成功者。

面对多年辛辛苦苦工作攒下的钱，想获得内心的平静是极为困难的事情。拒绝后悔情结就必须强化我们所掌握的知识，把握涨跌的规律和买卖的时机，因为有涨就会有跌，跌是为了更好地涨，敢于在大幅盈利时果断离场，敢于在大势亏损较长的时间内入场，后悔和犹豫的后果只能是贻误战机，让投资者变得更加优柔寡断。后悔是学艺不精的表现，毕竟股市的发展不会以个人的意志为转移。我们应该拒绝这种毫无益处的自怜自艾。

在股市里我们要知道遗憾什么时候都会有，理想始终是一片握不住的云，要掌握命运始终要从当下的一点一滴做起，夯实基础，靠积累而不是靠投机获胜。

克服多头情结

俗话说："情人眼里出西施"，多头情结和它具有相似性，其具体表现为：无论市场处于下跌还是上涨的阶段，对大盘均持以信心和希望，都会以看多的观点对待市场。这种盲目的乐观同样具有危害性。

多头情结源自于人与生俱来的欲望，也与我国牛长熊短的股市特性相关。投资者总希望股票能够天天涨，时时涨，抱有这种想法的人，结果只能是大失所望。事实上，股市中的涨跌起伏好像是市场在跟我们开玩笑，当我们热情高涨准备全身投入时，下跌突然来临；而当我们惴惴不安于大盘的回调时，大盘却在稳健地攀升。我们常常喜欢疯涨的股票，不承认选择的股票会一直跌下去，总在找一些无关紧要的理由来说服自己，强化自己的多头情结，并本能地拒绝任何风险意识的提醒。

思维决定行动，多头情结影响的操作在牛短熊长的市场中的危害是最为明显的。多头情结致使投资者在进场与观望之间选择进场，在留下与离场之间选择留下。

多头情结导致种种错误的操作，例如，短线操作频繁付出的手续费，资金市值缓慢下降，最终导致资金损失的迅速扩大，中长线又难以获得收益。

要长久地立足于股市，新股民必须克服多头情结。一味地多头赚不到钱，需要时刻保持小心与谨慎，居安思危，这样才能让我们规避较多的短期风险，实现稳定、持续的盈利。如果不能克服，投资者纵然可能一时获利，但最终可能被"多头情结"所害，那种宁愿失败后再对投资经历进行深刻反省的心态不是一种明智的选择。

学会适时地休息

列宁说："不会休息的人就不会工作。"炒股尤其是这样，不在"勤"而在"巧"。投资者想要创造利润固然不易，巩固成果就更难。要巩固成果不仅要学会积极地行动，还要学会适时地休息。

行动是必要的，因为不行动就不可能有回报。但无论是谁都不能永远处在行动中，不停地付诸行动对任何人来说都是具有毁灭性的。有时候市场需要我们除了观察之外不做任何事情。我们必须面对这样的现实：我们没有控制市场行为的力量。当我们面对这种情况的时候，休息就能成为最省钱的方法。

什么叫适时地休息？投资者如果成功抄底一只优质个股，操盘的主力最怕的就是你不看盘，此时应选择休息；大盘明显处于下降通道，技术形态明显走坏，此时应选择休息；多数投资在连续上升后总是连续下降，在一个周期后尤其是大盘刚从波段顶端开始回落，此时应选择休息。多劳多得不适用于股市，适当的休息，有时可以回避风险，减少损失，实际上也就相当于赚钱，最后很可能比整天忙活的人更赚钱。聪明的投资者应该学会抓好每个休息的机会，这样做的好处是不仅巩固了上一个阶段的成果，还能为下一次的冲击和观察积蓄力量，最重要的是有利于身心朝着健康的方向发展。

炒股应该是件轻松的事，不应该把它看成一项任务，不要整天盯着大盘累得要死，最后痛苦地离场。一定要调整好心态，学会休息。

休息也是需要技术的，不能无原则地休息，反弹的行情需要波段的操作，高手选择在别人忙的时候休息，在别人恐慌的时候行动。

　　休息是为了更好地上涨，投资者对自己的状态调整得越多，反思得越多，就不会把心态搞坏，学会休息，才能在下一轮行情中头脑清晰地迎战。

　　不会休息的人就不会炒股。股市中休息有时比行动更赚钱，掌握了股市的节奏，炒股就会很轻松，资金会越赚越多。

第三篇

新股民常用技术分析方法

第十章　K线

K线理论K线图作为一种最古老、最具有权威性的技术工具，跨越历史的长河，正缓步向新时代开进。这种K线图是一种哲学思想。它具有直观性、超立体感、携带丰富信息量的特点。

K线概述

K线又被称为日本线，它译成英文是 candlestick 这个单词，它最早用于日本大阪米市的商家，记录当天、一周或一月中米价的上涨与下跌情况，因此出现了这种图示法。随着社会的发展，炒股渐渐变成了人们茶余饭后议论的话题。不久之后，K线图就被引入到股市交易中。它能超常显示出股价趋势走向、买方与卖方双方力量相互转化的平衡关系，尤其用来预测后市股票的走向较为准确。它现在被广泛用于各种类型的传播媒介以及电脑应用系统，这种技术分析手段正在全社会逐步推广。

一、K线的分类

K线按类型分为阳线和阴线（如图10-1所示），当收盘价高于开盘价，也就是股价走势呈上升趋势时，这种情况下的K线为阳线，相反则为阴线。实体的长短表示收盘价与开盘价之间的价差。

按时间可以分为单日K线、周期K线、定月K线。在变幻莫测的股票交易当中，K线图又可细分为5分钟K线图，15分钟K线图，30分钟K线图以及 60 分钟 K 线图，这就是分析软件中常用到的分钟线和小时线。K 线是一种令人深思的市场语言，它出现的不同形态代表着不同的意思。

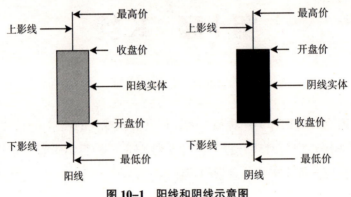

图 10-1　阳线和阴线示意图

二、K 线的作用

K 线图可以把每日或某一周期的市况表现完全记录下来。股价经过一段时间的盘整，会在图上形成一种特殊形态，不同的形态表示不同的意义。我们可以从这些形态的变化中摸索出一些规律。

K 线中的买卖信号

一、见底信号，后市看涨

1. 黎明之星

这种组合信号出现在下跌途中或是在盘整之后，是在阴线产生之后的下方先出现一个小阳线或是十字小阳线，接着在跳空中上升一条大的阳线，如图 10-2 所示。

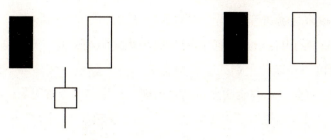

图 10-2　黎明之星

2. 曙光初现（中流砥柱组合）

先是出现一条大阴线（或中阴线），接着出现一条大阳线（或中阳线）。阳线已升到阴线实体的 1/2 以上处。此组合经常在股价已经大跌一段时间并创下最低价的时候出现，这说明大势开始出现逆转，继而转为上升行情。且阳线实体越深入，转势的信号越强。如图 10-3 所示。

图 10-3　曙光初现

3. 旭日东升

先是出现一条大阴线（或中阴线），接着出现一条大阳线（或中阳线），阳线的收盘价高于前一条阴线的开盘价。转势信号强于曙光初现。且阳线的实体越高，转势信号越强。如图 10-4 所示。

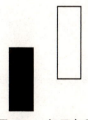

图 10-4　旭日东升

4. 锤头线（区别于吊颈线）

出现在下跌途中，由一条实体很小的阳线或阴线组成，下影线大于或等于实体的两倍，一般无上影线，少数会有一点上影线，实体与下影线比例越悬殊，信号越强，如与黎明之星同时出现，见底信号更加可靠。如图10-5所示。

图 10-5 锤头线

5. 倒锤头线（区别于射击之星）

出现在下跌途中，由一条实体很小的阳线或阴线组成，上影线大于或等于实体的两倍，一般无下影线，少数会有一点下影线，实体与下影线比例越悬殊，信号越强，如与黎明之星同时出现，见底信号更加可靠。如图10-6所示。

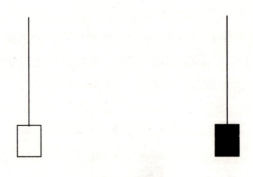

图 10-6 倒锤头线

6. 平底

由两条或两条以上的 K 线组合而成，且最低价处在同一水平线上。如图 10-7 所示。

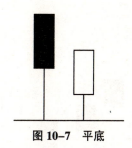

图 10-7　平底

7. 低位并排阳线

第一条阳线跳空低开，收盘价在前一条 K 线下留下缺口，第二条阳线与第一条并肩而立。如图 10-8 所示。

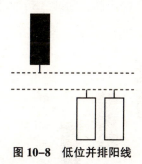

图 10-8　低位并排阳线

8. 下档五阳线

底圈内连续出现 5 条（或更多）阳线，多为小阳线，底部形成，将反弹。如图 10-9 所示。

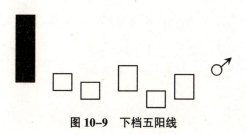

图 10-9　下档五阳线

9. 下降三阴线

在下跌行情中连续出现 3 条连续下跌的阴线，当第四天阳线超越前一天的开盘价时，应趁机买进。如果 3 条阴线连续跳空，则为强烈的买进信号，行情即将反弹。如图 10-10 所示。

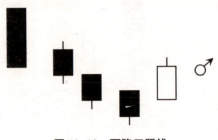

图 10-10　下降三阴线

10. 三条大阴线

在下跌行情中，出现三条连续大阴线，是行情陷入谷底的征兆，价格即将上扬。如图 10-11 所示。

图 10-11　三条大阴线

11. 跳空下跌三颗星

出现 3 条小阴线与上面一条 K 线有缺口，如果之后出现一条大阳线，上涨可能性更大。如图 10-12 所示。

12. 五条阴线后一条大阴线

如图 10-13 所示。

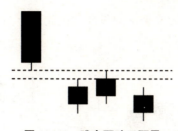

图 10-12 跳空下跌三颗星

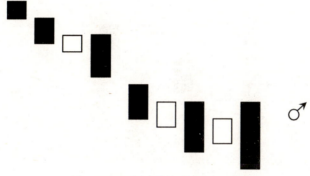

图 10-13 五条阴线后一条大阴线

二、买进信号，后市看涨

1. 三个红小兵

在股价的低位区连续出现三个上升的小阳线组合时，表示大势已经结束，长期下跌的趋势进入反弹上升的路途。如图 10-14 所示。

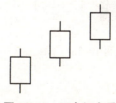

图 10-14 三个红小兵

2. 上升型

众多阳线中间夹杂较少的小阴线（或十字线）或只有阳线，并且整个趋势是向上微倾斜的。如果成交量同步放大，此图形为大涨开始的可能性就很大。如图 10-15 所示。

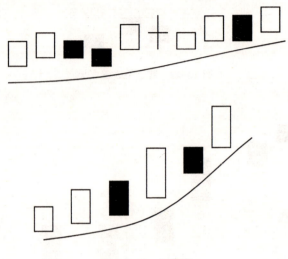

图 10-15　上升型

3. 下探上涨型

上涨途中，突然跳低开盘，当日以大阳线收盘，这种情况多为控盘庄家利用消息洗盘，后市将有一段较大升势。如图 10-16 所示。

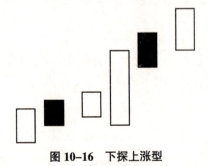

图 10-16　下探上涨型

4. 反弹线

下跌过程中，常常出现下影线的阴线图，若无重大利空出现，股价必定反弹。为安全起见也可等到行情反弹回升后再买进。如图 10-17 所示。

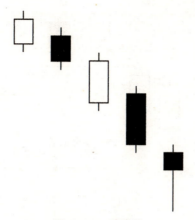

图 10-17　反弹线

三、继续看涨的组合

1. 上涨二（三）颗星

先出现一条大阳线或中阳线，随后在上方出现 2 条或 3 条小 K 线（可以是小阴线、小阳线或十字线）。此时若配合成交量同步放大，为买进时机。如图 10-18 所示。

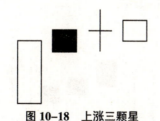

图 10-18　上涨三颗星

2. 跳空上扬

上涨行情中，首先跳空出现一条阳线，后又出现一条下降的阴线，但在前一条阳线缺口上方附近。此为价格上涨的前兆。如图 10-19 所示。

3. 高位并排阳线

上涨行情中，出现跳空阳线，第二天又出现一条阳线与之并排，如果隔日开高盘，将有大行情出现。如图 10-20 所示。

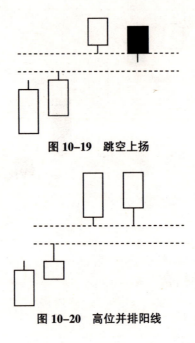

图 10-19 跳空上扬

图 10-20 高位并排阳线

4. 上升三法

上涨行情中，先出现一条大阳线（或中阳线），后接连出现 3 条小阴线，但都没有跌破之前阳线的开盘价，随后又出现一条大阳线或中阳线。如图 10-21 所示。

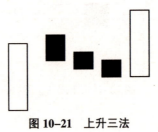

图 10-21 上升三法

四、见顶信号，后市看跌

1. 黄昏之星

这种组合是在阳线产生之后的上方先出现一个小阴线或是十字小阳线，接着在跳空中上升一条大的阴线。如图 10-22 所示。

图 10-22 黄昏之星

2. 乌云盖顶

当价格上涨出现阳线之后，又出现阴线，并且此阴线会令价格回落到前阳线实体的 1/2 以下。此种组合常常在股市看涨阶段并在股价上升至最高点时出现，表示大势逆转，阴线深入阳线实体部分越多，转势信号越强。如图 10-23 所示。

图 10-23 乌云盖顶

3. 倾盆大雨

先出现一条大阳线或中阳线，接着出现一条低开的大阴线或中阴线，阴线的收盘价已低于前一根阳线开盘价。阴线实体低于阳线实体部分越多，转势信号越强。如图 10-24 所示。

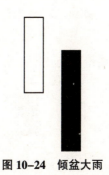

图 10-24 倾盆大雨

4. 射击之星（区别于倒锤头线）

出现在上涨趋势中，可以是小阳线也可以是小阴线，上影线大于或等于实体的两倍。一般无下影线，少数会略有一点。实体与上影线比例越悬殊，信号越有参考价值，如果和黄昏之星同时出现，见顶信号更加可靠。如图10-25所示。

图 10-25　射击之星

5. 吊颈线（区别于锤头线）

出现在上涨趋势中，可以是小阳线也可以是小阴线，下影线大于或等于实体的两倍。一般无上影线（少数会略有一点）。实体与下影线比例越悬殊，信号越有参考价值，如和黄昏之星同时出现，见顶信号更加可靠。如图10-26所示。

图 10-26　吊颈线

6. 平顶

在涨势中出现，两条K线最高处在同一水平位置上。如图10-27所示。

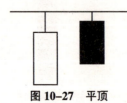

图 10-27　平顶

7. 双飞乌鸦

出现在涨势中，第一条阴线收盘价高于前一条阴线的收盘价，第二条阴线完全包容第一条阴线。如图 10-28 所示。

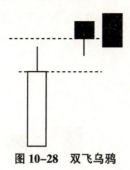

图 10-28　双飞乌鸦

8. 高档五阴线

出现在涨势中，由 5 条或 5 条以上阴线组成，多为小阴线，先是出现一条较有力度的阳线，接着连续出现 5 条或多于 5 条并排阴线。如图 10-29 所示。

图 10-29　高档五阴线

9. 下降覆盖线

先出现前两条包容组合的形态，第三条是一条中阳线（或小阳线），但阳线实体通常比前一条阴线短，最后出现一条中阴线（或小阴线），阴线实体已深入到前一条阳线实体之中。如图 10-30 所示。

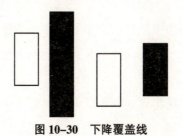

图 10-30　下降覆盖线

五、卖出信号

1. 低档盘旋

出现在下跌途中，先是小阴线小阳线的横盘，盘旋 5~11 日，后出现一条跳空向下的阴线，此为大跌的行情。如图 10-31 所示。

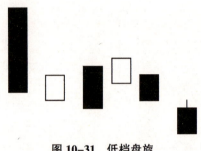

图 10-31 低档盘旋

2. 三个黑小卒

在高价位区连续出现三条小阴线，最低价一条比一条低表示股市上涨的趋势已经结束，下跌趋势即将开始。如图 10-32 所示。

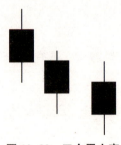

图 10-32 三个黑小卒

3. 下跌型

于盘整后期或下跌途中出现，众多阴线中夹着较少的小阳线，中间也可以夹着较少的小阴线，十字线，整个 K 线排列向下倾斜。如图 10-33 所示。

4. 下跌三颗星

在下跌行情初、中期出现，在下跌时先出现一条大阴线或中阴线，随后就在这条阴线的下方出现 3 条小 K 线（可以是小阳线、小阴线也可以是十字

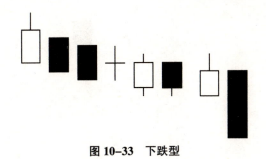

图 10-33　下跌型

线）。如图 10-34 所示。

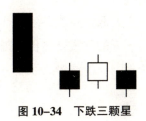

图 10-34　下跌三颗星

5. 下降三法

在行情持续下跌中，先出现一条大阴线（或中阴线），接着出现 3 条向上爬升的小阳线，但这 3 条小阳线都没有冲破第一条阴线开盘价，若最后出现一条大阴线（或中阴线），价格必将持续向下探底。如图 10-35 所示。

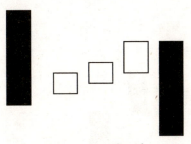

图 10-35　下降三法

6. 三条大阳线

股价连续拉出三条大阳线后，第四天拉出一条带有上影线的阴线，表明股价将下跌。如图 10-36 所示。

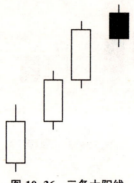

图 10-36　三条大阳线

7. 倒三阳

由 3 条阳线组成，连续 3 天低开高走，第一条 K 线以跌势收盘，后两条 K 线的收盘价低于或接近前一天的阳线开盘价，因此虽然连收 3 条阳线，但图形上却出现了类似连续 3 条阴线的跌势。如图 10-37 所示。

图 10-37　倒三阳

8. 下跌三连阴

由 3 条阴线组成，多为大阴线或中阴线，每条阴线都以最低价或次低价报收，最后一条阴线往往是大阴线。这是暴跌的前兆。如图 10-38 所示。

图 10-38　下跌三连阴

9. 三段大阳线

在持续下跌行情中出现一条大阳线，将前三天的值幅完全包容，投资人宜尽快平仓，价格将持续下跌。如图 10-39 所示。

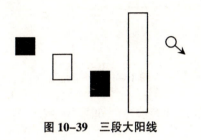

图 10-39　三段大阳线

六、滞涨信号，后市看淡

1. 连续跳空三阳线

在上涨行情中，连续出现 3 条向上跳空高开的阳线。如图 10-40 所示。

图 10-40　连续跳空三阳线

2. 升势受阻

由 3 条阳线组成，3 条阳线实体越来越小，最后一条阳线的上影线很长。如图 10-41 所示。

七、既可看涨又可看跌的形态

1. 螺旋桨

在涨势中出现，后市看跌；在下跌途中出现，继续看跌；在连续加速下

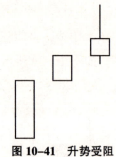

图 10-41　升势受阻

跌行情中出现，是见底回升的信号。如图 10-42 所示。

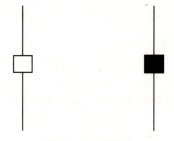

图 10-42　螺旋桨

2. 搓揉线

在上涨途中出现，继续看涨，上涨末端出现时为见顶信号。上涨途中以小 T 居多，上涨末端以大 T 居多。如图 10-43 所示。

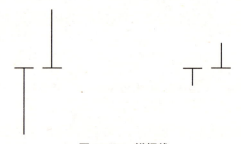

图 10-43　搓揉线

3. 尽头线

涨势中，第二条 K 线为小十字线或小阳小阴线，依附在第一条大阳线

（或中阳线）上影线之内。跌势中，第二条 K 线为小十字线或小阴小阳线，依附在第一条 K 线大阴线（或中阴线）的下影线之内。涨势中为见顶信号，跌势中为见底信号，尽头线的上影线或下影线的右方，带着的 K 线越小（如小十字星），信号越强。如图 10-44 所示。

图 10-44 尽头线

4. 包容组合

前一条为阳线，后一条为阴线（上涨趋势），或前一条为阴线，后一条为阳线（下跌趋势），并且后者将前者实体全部包容在内；上涨趋势出现为卖出信号，下跌趋势出现为买进信号，长的 K 线包容前面的 K 线越多，信号的参考价值就越大。如图 10-45 所示。

图 10-45 包容组合

5. 孕育组合

由大小不等的两条 K 线组成，两条 K 线可一阴一阳，也可两阴或两阳，第二条 K 线也可以是十字线。并且前者的实体能够把后者全部包容在内。此种组合预示着股市发展的方向为母体的方向，即阳孕生阳，阴孕生阴。上涨趋势出现为卖出信号，下跌趋势出现为买进信号。如图 10-46 所示。

图 10-46　孕育组合

6. 镊子线

由 3 条 K 线组成，3 条 K 线的最高价（或最低价）几乎处在同一水平位置上（像有人拿着镊子夹着一块小东西）。在上涨时出现为头部信号，在下跌时出现为底部信号。如图 10-47 所示。

图 10-47　镊子线

7. 两黑夹一红

两条较长的阴线中间夹一条较短的阳线。这个图形表示涨势中是见顶信号，跌势中继续看跌。如图 10-48 所示。

图 10-48　两黑夹一红

8. 两红夹一黑

两条较长的阳线中间夹一条较短的阴线，这个图形表示涨势中继续看涨，跌势中是见底信号。如图 10-49 所示。

图 10-49 两红夹一黑

9. 上档盘旋

出现在上涨途中，在上涨时首先出现一条强有力的阳线，在高档稍作整理。上档盘旋期间在 5~11 天，多数看涨，盘旋时间太久则上涨无力。如图 10-50 所示。

图 10-50 上档盘旋

10. 舍子线

在股价连续上涨（下跌）的行情中，跳空出现十字线，又跳空拉出一条大阴线（大阳线）或中阴线（中阳线）。在上涨时出现为卖出信号（如图10-51a 所示），下跌时出现为买进信号（如图 10-51b 所示）。

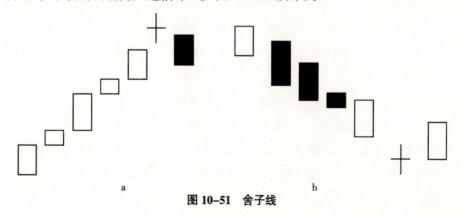

a   b
图 10-51 舍子线

K 线形态决定买卖点

一、头肩转向形态——头肩顶

由一个头部和两个肩部构成，连接左右肩的最低点为颈线。作为一个长期性趋势的转向形态，此种形态多出现在牛市的尽头，不是买入的好时机。当第三次回升股价没法升抵上次的高点，成交量继续下降时，这时投资者就应该把握机会卖出，当头肩顶颈线击破时，就是一个真正的卖出讯号。如图10-52所示。

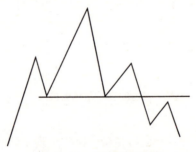

图 10-52　头肩顶示意图

头肩顶的特征：

（1）左右两肩的顶点大致相等，并且比头部低。

（2）头肩顶的颈线很重要，如果向右倾斜表明市场较弱，向左倾斜则说明市场较强。

（3）成交量右肩最少，头部或左肩成交量巨大。

（4）头肩顶形成后，下跌幅度一般大于最小下跌幅度。计算最小下跌幅度的方法是：从头部的最高点画一条垂线相交于颈线，然后在右肩突破颈线的一点开始，向下量度出同样的高度，所量出的价格就是该股将会上升的最小幅度。

注意事项：如果在颈线位回升，股价高于头部，或股价跌穿颈线后回升到颈线以上，且伴有成交量的配合，这也许是个假的头肩顶。

二、头肩转向形态——头肩底

头肩底是头肩顶的倒转，此形态一般出现在熊市的尽头，在此形态中，如果头肩底颈线突破时，这就提醒我们买入的时机已经到来。虽然此时的股价和最低点比较已经有所上升，但升势只是刚刚开始，想买入的投资者应该继续追入。此时可以计算上涨的最小幅度的具体方法是：从头部的最低点画一条垂直线相交于颈线，然后在右肩突破颈线的一点开始，向上量度出同样的高度，所量出的价格就是该股将会上升的最小幅度。如图 10-53 所示。

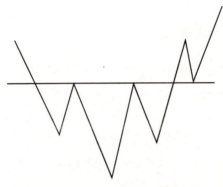

图 10-53　头肩底示意图

注意事项：当颈线阻力突破时，必须伴随着成交量的激增，否则这可能是一个错误的突破。但也有成交量在突破后才增加的可能。

三、头肩整理形态

头肩底是一个低价收集性买入的区域，而升市中出现的头肩整理形态——头肩底可以说是一个中途收集性买入区域，此时如果从走势图上来看，似乎是多次到顶不破，上升阻力十分强大，其实这只是压价进货而已。如果此时投资者已经错过了第一次买入的机会，那么这将是又一个买入的良机。如图 10-54 所示。

图 10-54 头肩整理形态示意图

四、三重顶（底）形态

三重顶是头肩形态的变体，由 3 个一样高或一样低的顶或底组成。我们需要注意的是，三重顶的第三个顶，成交量非常小时即为股价下跌的前兆，如果三重底在第三个底部上升时伴随着成交量的增大，则表明股价即将突破颈线，是上升的前兆。一般来说，三重底或三重顶最小涨幅或跌幅、底部或顶部越宽，力量越强。我们可以结合具体的情况来寻找自己的合适买点。如图 10-55 所示。

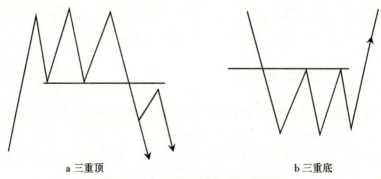

a 三重顶　　　　　　　　　　　　b 三重底
图 10-55　三重顶（底）形态示意图

五、双重顶（底）——M头（W底）形态

通常这种形态出现在长期性趋势的顶部或底部，所以当双头形成时，我们可以肯定双头的最高点就是该股的顶点，与此相适应，而双底的最低点就是该股的底部。当价格冲破双顶的颈线，就是卖出信号。当价格冲破双底的颈线，并有大成交量配合，则是一个可靠的买入信号。如图 10-56 所示。

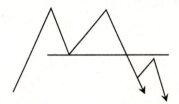

图 10-56　双重顶（底）——M头（W底）形态示意图

六、复合头肩型形态

如果这种形态在底部出现时，则意味着一次较长期的升市的来临，所以投资者可抓住时机买进。此形态可分为以下几种形式：

一头双肩式形态：一个头兼有大小相同的左右肩，两者大致平衡。比较多的是一头双右肩，在形成第一个右肩时，股价并不马上跌破颈线，反而掉头回升，然而却止于右肩高点之下，接着股价继续一路下跌。

一头多肩式形态：两个左肩形成后，很有可能也会形成一个右肩。因为头肩式都有对称的倾向。这样，除了成交量之外，图形的左半部和右半部几乎完全相等。如图 10-57 所示。

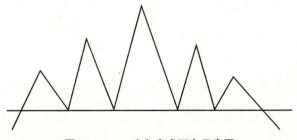

图 10-57　一头多肩式形态示意图

多头多肩式形态：在形成头部期间，股价曾一度回升，直至升至与上次高点水平后才有了跌落的趋势，这样，就成了两个头部，或称为"两头两肩式走势"。

当复合头肩形态在底部出现时，意味着一次较长期的升市即将来临，而市场将转趋下跌的时候，这种形态就会在顶部出现。

七、圆形顶（底）形态

表现为股价呈弧形上升（下跌）。

圆形底：一开始买入的力量畏缩不前，此时股价小幅下跌，并渐渐接近水平。在底部时买卖力量达至均衡状态，因此仅有极小的成交量。继而需求旺盛了起来，价格大幅上扬，出现突破性的上升局面。成交量也在逐步增加，最后形成一个圆底形。这种形态预示着大升市行情的来临，投资者可大胆地买进。

圆形顶：一开始买方力量强于卖方力量，并获得一段升势后，股价就会保持均衡的状态，而一旦卖方力量超过买方，股价就回落，并且由慢变快，到后期由卖方完全控制市场的时候，跌势便告转急，未来下跌之势将转急转大，所以应在圆形顶形成之前离市，但在圆形顶完全形成后，仍有机会撤离。如图 10-58 所示。

图 10-58　圆形顶形态示意图

八、菱形形态

菱形的形态表现为其颈线为"V"字状。成交量呈三角状，逐次减少，其外形恰似一颗钻石的形状。菱形实际是喇叭形和对称三角形的结合。左半部和喇叭形一样，第二个高点较前一个高，回落低点较前一个低，当第三次回升时，高点却不能升越第二个高点水平，接着的下跌回落点却又较上一个高，股价的波动从不断地向外扩散转为向内收窄，右半部的变化类似于对称三角形。如图 10-59 所示。

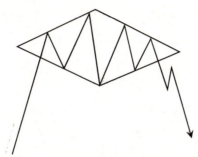

图 10-59　菱形形态示意图

在此形态中，如果股价向上突破右方阻力，并且伴随着成交量的激增，那这就是一个买入的讯号。

九、喇叭形形态

一半出现在顶部，喇叭形也是头肩顶的变形，股价在经过一段时间的上升后下跌，然后再上升下跌，上升的高点较上次高，下跌的低点较上次低，如果我们把上下的高点和低点分别连接起来，就会呈现出一个喇叭的形状。喇叭形是由投资者冲动和不理性的情绪造成的。

喇叭形可以说是一个下跌形态，它的出现，也就暗示着涨势已经走到了尽头，所以它表现出来的更多的是卖点的讯号。如图 10-60 所示。

图 10-60　喇叭形形态示意图

十、潜伏底形态

潜伏底形态大多出现在市场淡静之时，一些投资者在潜伏底形成期间不断在做收集性买入，如果形态突破后，未来的升势将显得强劲而有力，行情相当看好，所以，当潜伏底明显向上突破时，我们应立即跟进，利润会是相当可观的。如图 10-61 所示。

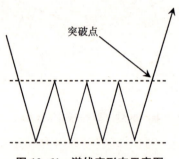

图 10-61　潜伏底形态示意图

十一、岛形形态

股市持续上升一段时间后，突然呈现缺口性上升的趋势，股价在高水平徘徊一段时间后，又呈缺口性下跌，两边的缺口大约在同一价格区域发生，这样，高水平争持的区域在图标上就显现出一个岛屿的形状，两边的缺口令这个岛屿孤立耸于海洋之上。此种形态经常在长期或中期性趋势的顶部或底部出现，当上升时，岛形明显形成后，宜卖出；这种形态如果在下跌中出现，就是一个买入的讯号了。如图 10-62 所示。

图 10-62　岛形形态示意图

十二、矩形形态

它是一种整理形态，在顺升市和跌市中都有可能出现，在原始底部比较常出现的长而窄且成交量小的矩形，突破上下限后，就会出现买入或卖出的讯号，股价上升的幅度和矩形本身的宽度相等。如图 10-63 所示：

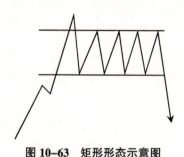

图 10-63　矩形形态示意图

十三、上升三角形和下降三角形形态

上升三角形形态在突破顶部水平的阻力线时，会出现一个短期的买入信号（如图 10-64a 所示）。但需注意的是，此时必须有大的成交量的配合才行。这两种形态属于整理形态，有一般向上向下规律性，如果在向上突破时，伴有大成交量配合，这便是一个买入的讯号。如图 10-64b 所示。

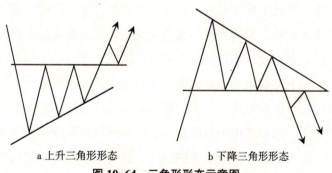

a 上升三角形形态　　　　b 下降三角形形态
图 10-64　三角形形态示意图

十四、楔形形态

楔形分为上升楔形和下降楔形，上升楔形是指一次股价下跌之后出现技术性反弹，一路飙升，随即又下滑，但回落点较前次为高，上升的新高点比上次反弹点高，又回落形成一浪高一浪之势，如果我们把短期高点相连接，就会呈现出一条向上倾斜的直线的形状。下降楔形则与之相反。

上升楔形和下降楔形是整理形态。一般来说，上升楔形形态大多是向上突破，当其上限阻力突破时，便是一个买入的讯号。下降楔形表示一个技术性的意义的渐次减弱的情况。当其下限跌破后，就是卖出讯号。如图 10-65 所示。

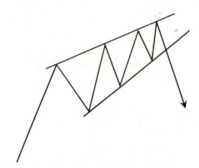

图 10-65　楔形形态示意图

十五、对称三角形形态

对称三角形是属于整理形态，由一段时期的价格波动所形成。每次波动的最高价都比前次低，而最低价都比前次高。它的出现表明股价会继续原来的趋势，所以只有在股价朝其中一方明显突破后，才可以采取相应的买卖行动。如果股价往上冲破阻力，并伴随着大的成交量，这即是一个短期买入讯号。另外我们还可以对对称三角形的最小升幅进行量度：即从形态的第一个上升高点开始画一条和底部平行的直线，我们可以预期股价至少会上升到这条线才会遇上阻力。至于股价上升的速度，将会以形态开始之前同样的角度上升。但我们却不能估计到该股的最小升幅的价格水平和完成所需要的时间。对称三角形形态如图 10-66 所示。

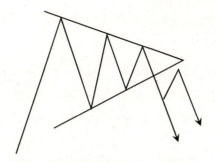

图 10–66　对称三角形形态示意图

　　K 线分析同均线、趋势线等其他技术方法结合起来使用，效果会更好一些。

第十一章　移动平均线

移动平均线是一种相当神奇的测市工具，如果说有许多指标能够人为地做出"骗线"的话，那么移动平均线这一技术是最为客观，不易被人操纵的。

移动平均线是除了 K 线之外，使用频率最高，最容易被大多数人运用的技术分析方法，适合于新股民使用。

移动平均线概述

所谓"移动平均线"（可简称为均线）是指最近或相当一段时间内的算术平均线，以 10 日均线为例，将采用 10 日内的价格的收盘价逐日相加，把总和除以 10，就得到了 10 日的平均值，将这些平均值在图纸上以先后次序连起来，这条线就叫 10 日移动平均线（如图 11-1 所示）。以此类推，5 日、30 日、60 日、120 日等也可以按照这种方法画出。

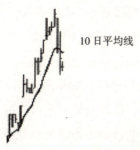

10 日平均线

图 11-1　10 日平均线示意图

一、移动平均线的分类

移动平均线按时间长短可分为短期、中期、长期三种。

1. 短期移动平均线

短期移动平均线又可分为 5 日（周线）、10 日（半月线）、20 日（月线）等。其中被投资大众参考使用较为广泛的是 5 日、10 日均线，成为短期行情的重要依据。5 日均线相对于 10 日均线起伏较大，尤其在震荡行情，对买进卖出的信号较难把握。

2. 中期移动平均线

中期移动平均线又分为 30 日、60 日（季线）等。其中 30 日及 60 日移动平均线在股市上运用得较为广泛。便于把握中级以上行情，成为进出货的主要依据。

30 日均线经常被用来与其他平均线配合，提供当日股价及短期和中长期移动平均线的动态，了解它们之间的相关性。60 日均线对中短期股价有明显的趋势指示及制约作用，为行情趋势的分析判断提供了较准确的依据，因而也很受投资者看重。

3. 长期移动平均线

长期移动平均线分为 100 日、120 日（半年线）、200 日、250 日（年线）等。其中使用较多的是 120 日、250 日移动平均线。半年线、一年线作为长期投资的依据，对研判股市的中长期走势有着重要作用，故很受投资者重视。年线收阴或收阳显示出本年度投资股票的平均收益率。

可综合观察长、中、短期移动平均线，研判市场的多重倾向，如果三种移动平均线并列上涨，该市场呈多头排列；如果三种移动平均线并列下跌，该市场呈空头排列。如果短期与中期均线交错上升或下降，表明股市进入整理阶段，缺乏弹性，只等盘局突破。如果股价与短期移动平均线转而向下，而中期移动平均线仍然上升，说明股价并没有改变其基本的上升趋势，不过是回档而已，直到股价与短期移动平均线相继跌破中期移动平均线，而中期移动平均线本身亦有向下反转的迹象，那么说明股价变动的趋势就改变了；

反之亦同理。

二、移动平均线的作用

1. 揭示股价趋势的方向

移动平均线主要功能就是及时揭示股价趋势的方向，包括上升趋势和下降趋势。一般情况下，移动平均线向下，则趋势向下；移动平均线向上，则趋势向上。

2. 揭示当前市场的平均成本

通过对平均成本的比较，结合其他方面分析，可以了解到目前市场的概貌，以及自己所处的地位是有利还是不利。平均成本是主力操作的一个重要依据。如果某日 5 日均线为 1000 点，30 日均线在 1100 点，60 日均线是 1200 点，250 日均线则处在 900 点。如果股指跌破 900 点年线，就说明这一年买进股票的投资者全部被套。

3. 助涨助跌作用

当股价突破了均线时，无论是向上突破还是向下突破，股价有继续向突破方向再走一程的愿望，在盘整区表现尤为明显，这就是均线的助涨助跌作用。股价从平均线下方向上突破，可以看做是多头支撑线，具有助涨作用，应视为买进时机；股价从平均线上方向下突破，可以将均线看做是空头的阻力线，具有助跌作用，应视为卖出时机。

移动平均线是追踪趋势的工具，便于识别旧趋势的终结或反转，是新趋势延续的契机。它不企图领先于市场，只是忠实地追随市场，所以它具有滞后性特点，然而却无法造假。

均线中的买卖信号

一般情况下，行情围绕均线上下震荡。因而，把握均线中的买卖信号非常重要，利用均线来辅助辨别形态是非常实用的方法。

一、葛南维移动平均线八法则

经过长期的实践与研究，美国投资专家葛南维总结出了有关移动平均线的 8 条法则，其中 4 条显示买进信号，4 条显示卖出信号，如图 11-2 所示。

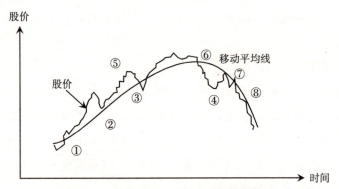

图 11-2　葛南维移动平均线八法则示意图

1. 买进信号

（1）当均线由下跌到逐渐拉平或者转为上升，股价从平均线下方向上突破时，这便是买进的信号。因为均线下跌转平时，则意味着股价即将转为上升，那么这种上升就表明当天的股价有利于买方。如图 11-2 中①所示。

（2）股价从均线的上方向着平均线的方向下跌，但尚未跌破即告上升，这就是买进的信号。原因是股价通常在有力上升的过程中会有一个调整的阶段，随后就会继续上升。如图 11-2 中②所示。

（3）若均线继续上升，而此时的股价却跌到移动平均线以下，这就是买进的信号。因为均线运动比较缓慢，当它保持相对稳定时，短期的股价下跌不久就会回升。如图 11-2 中③所示。

（4）均线转驱下跌，股价也在急速下降，甚至远离均线，但是股价有朝移动平均线回升的可能，这也是买进的时机，因为股价下跌过猛，会出现短期卖出者回补的现象，因而股价会在不久有一个短期的回升。如图 11-2 中④所示。

2. 卖出信号

（1）在均线上升之后开始拉平或转驱下跌，并且股价下降跌破平均线时，即为卖出信号。如图11-2中⑤所示。

（2）均线呈现出下降的趋势，股价在跌破平均线后仍然表现为下降的趋势，为卖出信号。如图11-2中⑥所示。

（3）均线呈下降趋势，股价在突破平均线上升之后又回落到平均线以下，这便是卖出的信号。如图11-2中⑦所示。

（4）均线上升时，股价急速上升甚至远离均线，此时，也是卖出的信号。如图11-2中⑧所示。

二、移动平均线的买卖时机

短期移动平均线用"_____"表示，中期移动平均线用"_.._.._"表示，长期移动平均线用"----------"表示。

1. 多头排列形

图　形	特　征	技术含义	操作参考
	出现在涨势中，3 根均线呈向上的圆弧状	做多信号，继续看涨	①在多头排列初期和中期可积极做多 ②在其后期应谨慎做多

2. 空头排列形

图　形	特　征	技术含义	操作参考
	出现在跌势中，3 根均线呈向下的圆弧状	做空信号，继续看跌	①在初期以观望为主 ②在后期应谨慎做空

3. 黄金交叉形

图　形	特　征	技术含义	操作参考	补充说明
（1） （2）　　　（3）	出现在跌势中，3根均线呈向下的圆弧状	见底信号，后市看涨	① 股价大幅下跌后期出现"黄金交叉"可积极做多 ② 中长线投资者可在周K线或月K线中出现该信号时买进	①两者交叉的角度（交叉点和水平面呈的角度）越大，短期上升信号越强烈 ②长期均线的"黄金交叉"又比短期均线的"黄金交叉"法的买进信号强，（3）>（2）>（1）

4. 死亡交叉形

图　形	特　征	技术含义	操作参考	补充说明
（1） （2）　　　（3）	出现在下跌初期，短期均线从上而下交叉中长期均线，如果中长期均线也弯头向下，发出的信号更有意义	见顶信号，后市看跌	① 股价大幅上涨后，出现"死亡交叉"，可积极做空 ② 中长线投资者可在周K线出现该信号时卖空	时间越长的均线形成的"死亡交叉"意义也越强，（3）>（2）>（1）

5. 银山谷形

图　形	特　征	技术含义	操作参考
	出现在上涨初期，由3根移动平均线交叉组成，形成一个尖头向上的不规则三角形	见底信号，后市看涨	银山谷一般可作为激进型投资者的买点

6. 金山谷形

图　形	特　征	技术含义	操作参考
银山谷　金山谷	出现在"银山谷"之后，"金山谷"不规则三角形构成方式和"银山谷"不规则三角形构成方式相同。"金山谷"既可处于"银山谷"相近的位置，也可高于"银山谷"	买进信号，后市看涨	① "金山谷"一般可作为稳健型投资者的买进点 ② "金山谷"和"银山谷"相隔时间越长，所处的位置越高，日后股价的上升潜力就越大

7. 死亡谷形

图　形	特　征	技术含义	操作参考
	出现在下跌初期，由3根移动平均线交叉组成，形成一个尖头向下的不规则三角形	见顶信号，后市看跌	①见此信号，应积极做空。尤其在股价大幅上扬时出现该图形，更要及时止损离场 ②卖出信号强于"死亡交叉"

8. 首次黏合向上发散形

图　形	特　征	技术含义	操作参考
	既可出现在下跌后横盘末期，又可出现在上涨后横盘末期	买进信号，后市看涨	激进型投资者可在向上发散的初始点买进 ①黏合时间越长，向上发散的力度越大 ②向上发散时，如果成交量同步放大，信号可靠性较强

9. 首次黏合向下发散形

图　形	特　征	技术含义	操作参考	补充说明
	既可出现在上涨后横盘末期，又可出现在下跌后横盘末期	卖出信号，后市看跌	无论激进型投资者还是稳健型投资者，见此信号均应及时止损离场	①黏合时间越长，向下发散力度越大 ②向下发散时如成交量同步放大，则后市更加不妙

10. 首次交叉向上发散形

图　形	特　征	技术含义	操作参考
	出现在下跌后期，短、中、长期均线逐渐收敛后又向上发散	买进信号，后市看涨	激进型的投资者可在向上发散的初始点买进 ①向上发散的角度越大，后市上涨的潜力就越大 ②向上发散时如果有成交量的支持，则信号可靠性较强

11. 首次交叉向下发散形

图　形	特　征	技术含义	操作参考
	出现在涨势后期，短、中、长期均线从向上发散状逐渐收敛后再向下发散	卖出信号，后市看跌	投资者见此信号，应及时做空，退出观望。一旦形成向下发散，常会出现较大跌幅

12. 再次黏合向上发散形

图　形	特　征	技术含义	操作参考	补充说明
	出现在涨势中	买进信号，继续看涨	均线再次向上发散的最佳买进点应是第二次向上发散处，如均线出现第三、第四次向上发散，力度不如第二次发散，买进要谨慎	黏合时间越长，续涨的潜力就越大，"再次黏合向上发散"所指的"再次"一般是第二次，少数是第三、第四次，它们的特征和技术含义相同

13. 再次黏合向下发散形

图　形	特　征	技术含义	操作参考	补充说明
	出现在跌势中	卖出信号，继续看跌	股价大幅下跌后，均线再次黏合向下发散，只可适度做空，以防空头陷阱	"再次黏合向下发散"所指的"再次"一般是第二次，少数是第三、第四次。它们的技术含义和特征是一样的

14. 再次交叉向上发散形

图　形	特　征	技术含义	操作参考	补充说明
	出现在涨势中	买进信号，后市看涨	均线再次向上发散，无论是对激进型投资者还是对稳健型的投资者都是一个较好的买点。投资者可在向上发散的第一时间买进，风险较少	离上一次向上发散时间越长，继续上涨的潜力就越大

15. 再次交叉向下发散形

图　形	特　征	技术含义	操作参考	补充说明
	出现在跌势中	卖出信号，继续看跌	股价在大幅下跌后，均线出现再次交叉向下发散，可适度做空，以防空头陷阱	一般来说，第一次向下发散时卖出成功概率最高，越到后面成功概率越小

16. 上山爬坡形

图　形	特　征	技术含义	操作参考	补充说明
	出现在涨势中	做多信号，后市看涨	积极做多，只要股价没有过分上涨，有筹码者可持股待涨；持币者可逢低吸纳	坡度越小，上升势头越有后劲

17. 下山滑坡形

图　形	特　征	技术含义	操作参考
	出现在跌势中	做空信号，后市看跌	及时做空，只要股价没有过分下跌均应退出观望

18. 逐浪上升形

图　形	特　征	技术含义	操作参考	补充说明
	出现在涨势中	做多信号，后市看涨	只要股价不过分上涨，有筹码者可持股待涨；持币者可在股价回落长期均线处买进	上升时浪形越有规则，信号越可靠

19. 逐浪下降形

图　形	特　征	技术含义	操作参考
	出现在跌势中	做空信号，后市看跌	只要股价不过分下跌，均可在股价触及长期均线处卖出

20. 加速上涨形

图　形	特　征	技术含义	操作参考	补充说明
	出现在上涨后期，加速上扬前，均线系统呈缓慢或匀速上升状态；在加速上升时，短期均线与长期、中期均线距离越拉越大	见顶信号，后市看跌	持筹者可分批逢高卖出，如发现短期中期均线弯头，应及时抛空出局；持币者不要盲目追涨	出现加速上涨前，股价或指数上涨幅度越大，后市下跌的信号越可靠

21. 加速下跌形

图　形	特　征	技术含义	操作参考	补充说明
	出现在下跌后期，加速下跌前，均线系呈缓慢下跌或匀速下跌状态。在加速下跌时，短期均线和中、长期均线距离越拉越大	见底信号	持筹者不宜再卖出股票，持币者可先趁股价加速下跌时买进一些股票，待日后股价见底回升时，再加码跟进	出现加速下跌之前，股价或指数下跌幅度越大，信号越可靠

22. 快速上涨形

图　形	特　征	技术含义	操作参考	补充说明
	出现在涨势中，短期均线快速上升，并与中、长期均线距离迅速拉大	转势信号	有股票者可持筹待变，在短期均线没有弯头前可先不作卖出或作一些减磅操作；短期均线一旦弯头向下，应及时退出。持币者不要盲目追涨	上升速度越快，转向的可能性越大。5日均线一出现弯头，股价常会迅速回落

23. 快速下跌形

图　形	特　征	技术含义	操作参考	补充说明
	可出现在跌势初期也可出现在跌势后期	暂时止跌或转势信号	快速下跌为短线操作提供了一个机会，激进型投资者可趁低买进做一轮短差。持股者在股价快速下跌时不宜卖出。可等股价反弹时退出	一般情况下出现该图形会有两种结果：①短线止跌回升，反弹后继续下跌②形成"V形"反转，其中：①较多见，②很少见

24. 烘云托月形

图　形	特　征	技术含义	操作参考
	出现在盘整期，短、中期均线略向上往前移动	看涨信号，后市看好	①可分批买进，待日后股价往上拉升时加码买进②周K线、月K线先出现这种信号，日后股价上涨的潜力更大

25. 乌云密布形

图　形	特　征	技术含义	操作参考
	出现在盘整期，短、中期均线略向下往前移动	看跌信号，后市看淡	①只要股价不是过分下跌，见此图形都应尽早退出②周K线、月K线出现这种信号，日后股价下跌空间更大

26. 蛟龙出海形

图　形	特　征	技术含义	操作参考	补充说明
	出现在下跌后期或盘整后期，一根阳线拔地而起，一下子把短、中、长期均线吞吃干净，收盘价已收在几根均线之上	反转信号，后市看好	激进型的投资者可大胆跟进，稳健型的投资者可观察一段时间，等日后股价站稳后再买进	①阳线实体越长，发出的买进信号越可靠②一般需要大成交量支持，如没有大量同步，可信度较差

27. 断头铡刀形

图 形	特 征	技术含义	操作参考	补充说明
	出现在上涨后期或高位盘整后期，一根阴线一下子把短、中、长期均线切断，收盘价收在这几根均线之下	反转信号，后市看跌	无论激进型的投资者，还是稳健型的投资者，见此图形后，均不能再继续做多，要设法尽快退出观望	如果下跌时成交量放大，日后下跌空间较大

均线形态中的买卖时机

　　均线中的买卖信号可以结合整个均线的形态来决定，均线形态中的买卖时机具体如表 11-1 所示。

表 11-1　均线形态中的买卖时机

图 形	形 态	技术含义
	均线由下向上反转，反转形态或启动出现在其下方	易上涨，幅度易大
	均线由上向下反转，反转形态或启动形态出现在其上方	易下跌，幅度易大
	均线由向下转为向上，反转形态或启动形态的进场点在其下	易上涨，幅度易大

续表

图　形	形　态	技术含义
	均线由向上转为向下，反转形态或启动形态的进场点在其上	易下跌，幅度易大
	均线向下已久，而反转形态出现在其上方	易下跌，短暂
	均线向上已久，而反转形态出现在其下方	易上涨，短暂
	均线向上，而反转形态出现在其上方的过高位置	易回调，短暂均线向下
	均线向下，而反转形态出现在其下方的过低位置	易回档，短暂
	涨势绵长，均线由向上转为和缓，形态出现其上较远位置	易下跌，幅度易大，涨中多见，成功率不高
	均线由向下转为略向上，行情从很高的距离回到均线附近，出现整理形态	易贯穿，短暂

续表

图　形	形　态	技术含义
	均线由向上转为走平，反转形态在其上下，进场点在均线上方	易下跌，后市多波折
	均线由向下转为略微向上，反转图形出现在其略上方	易下跌，短暂
	前波绵长，均线略欲走平，反转形态出现在其上下	易下跌，幅度易大，易有回调
	前波绵长，均线由向上转为欲和缓，整理形态出现在均线附近	易击穿，短暂
	极弱的行情，均线向下，整理形态出现其略下方	易继续下跌
	均线稳定向下，而整理形态的第5波出现在均线略上方	易继续下跌，后市幅度较大

续表

图　形	形　态	技术含义
	均线稳定向上，而整理形态的第5波出现在均线略下方	易继续上涨，后市幅度较大
	前波绵长，均线向上，整理形态出现在均线之下不远，均线也由向上转为平缓	易下跌
	均线向下，形态出现其下方，紧靠近均线	易下跌

　　移动平均线也存在滞后性等不足，新股民要想让投资更科学，仍然需要把移动平均线分析方法同其他技术分析方法有机地结合起来，这点必须引起重视。

第十二章　趋势线

趋势线是用来分析股价变动趋势的一种技术工具，是非常有价值的分析工具。趋势线是判断趋势和选择买卖时机的重要的衡量标准，是可以单独使用的。投资者可利用趋势线和其他辅助技术工具，依据判断操作股票。

趋势线概述

趋势是市场何去何从的方向，它由一组组波峰和波谷组成。在上涨行情中，两个以上的低点连线代表上升趋势；在下跌行情中，两个以上高点连线代表着下降趋势；如果两个或两个以上的低点或高点基本持平的话，代表着横向盘整。一般情况下，横向延伸的时间在股市中占大部分时间，至少占到 1/3 左右，通常叫做"无趋势市道"。

一、趋势线的分类

1. 从方向上分

（1）上升趋势线。由最先形成或具有代表意义的两个低点连接而成的一条向上的斜线。如图 12-1 所示。

（2）下降趋势线。由最先形成或具有代表意义的两个高点连接而成的一条向下的斜线。如图 12-2 所示。

（3）横盘整理。又称箱型整理，价格的低点和高点横向延伸，没有明

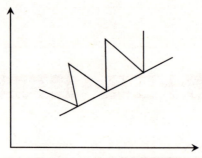

图 12-1　上升趋势线示意图

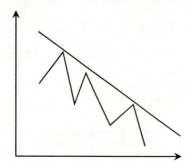

图 12-2　下降趋势线示意图

显的上升和下降趋势。

2. 从速度上分（如图 12-3 所示）

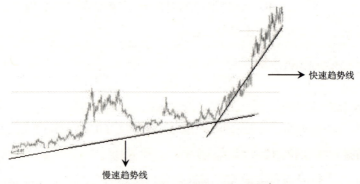

快速趋势线

慢速趋势线

图 12-3　快速趋势线和慢速趋势线示意图

（1）快速趋势线运行速度比慢速趋势线快，维持时间比慢速趋势线短。

一般来说，快速趋势线揭示了股价或指数的短期趋势，是激进投资者操作的依据。

（2）慢速趋势线揭示了股价或指数的长期趋势，是稳健投资者操作的依据。

3. 从时间上分

（1）长期趋势线。连接两大浪的波峰或波谷的斜线。跨年度的趋势线，对股市的长期走势将产生很大影响。长期趋势运动时间通常在一年以上。如果长期趋势是上升趋势，我们称之为"牛市"，说明市场非常活跃；如果长期趋势是下降趋势，我们称之为"熊市"，说明市场萎靡不振。

（2）中期趋势线。连接两中浪的波峰或波谷的斜线。跨数月或一年以上的时间，对中期走势有很大影响。

中期趋势，通常运动时间为3周到3个月。一般情况下，中长线交易者看重的就是这段中期趋势。

（3）短期趋势线。连接两小浪的波峰或波谷的斜线。跨越时间不超过2个月，通常只有几个星期，甚至几天，对股价走势只起短暂影响。短期趋势一般运动时间在一个月以内。短暂趋势是在中期趋势中进行的调整，它多数与长期趋势同方向。通常而言，短期趋势的转折点是中、长线交易者的进场时机。但是相对于短线交易者，这个短期趋势，就是他们要捕捉的所有利润段。

这三种趋势线是相互制约的关系，长期趋势制约着中期趋势，而中期趋势制约着短期趋势。可以看得出，中期趋势至关重要，起着承上启下的作用。

分析趋势的过程，可按照从长到短的原则，先分析长期趋势，再分析中期趋势，最后分析短期趋势。每个趋势都是更长期趋势的组成部分，同时它也是由更短期的趋势所构成。

二、趋势线的作用

1. 体现"大势"

在股市中最常用的谚语"顺势而为"、"逆大势者必败"等都是强调趋势分析在交易决策中的重要性。要想在股市中生存发展的投资者必须认真对待趋势线这一作用。趋势线能够帮助常常因追逐短线价差而造成踏空的投资人认清大势，以免因小失大。

2. 对今后的价格变化起约束作用

价格有上涨和下跌两个方向，上升趋势中，今后的股价总是在上方，下降趋势中，今后的股价总是在下方。

3. 支撑和阻力的作用

趋势线一旦形成，股价上涨或下跌至趋势线附近时，往往会对股价的波动产生一定的支撑或阻力的作用，可以作为买卖的参考。当趋势线被有效突破时，往往预示行情已经发生逆转，此时投资人可考虑买进或卖出，以获取利润或止损。

什么是对趋势线的有效突破

一般情况下，在一天的交易时间内突破趋势线，但收市价并没有超出趋势线外，并不算有效突破。趋势线的有效突破一般认为有以下四个因素：

一、价格突破趋势线是否超过3%

收市价格穿越趋势线的幅度至少达到3%（股价从上向下跌破支撑线时，可一破位就离场，不要教条地等3%）。时间上则要求有 2~3 天以上的有效确认。

二、成交量

一旦上升趋势线和下降趋势线被有效突破，它们的作用就互相对换。上升趋势线演变成阻挡线；下降趋势线演变成支撑线。当股价上升冲破下降趋势线的阻力时需要有大量成交量的配合；但向下跌破上升趋势线支持则不必如此，通常突破当天的成交量并不增加，而在突破后的第二天会有增加的现象。

三、趋势线的斜率

一般认为，倾斜度约为45度的趋势线最具意义，著名角度大师江恩对所谓45度线就特别垂青，也就是他所说的1×1角度，这样的直线反映出的上升或下降的速率，恰好从价格、时间两个方面都处于完美的平衡中。

如果趋势线过于陡峭，通常表示价格上升或下降过快，因而难以持久。这样的趋势线一旦被跌破，往往意味着原趋势的斜率将调至45度左右，而不是趋势的逆转。

如果趋势过于平缓，则说明这个趋势过于衰弱，可能靠不住，因而也会演化为"无趋势"市道。

四、突破次数

一条趋势线被突破的次数越多，趋势发生改变的可能性就越大。

当股价越过下行趋势线时，如果成交量不能随之放大，这突破可能是假突破；如果股价再度跌破趋势线时，也极有可能为假突破。

支撑与阻力

趋势线在性质上又可分为"支撑线"和"阻力线"。支撑线是图形上每一谷底最低点的直切线，也就是说股价在此线附近时，投资者有相当的买进意愿。阻力线则是图形上每一波浪顶部最高点的直切线，也就是说股价在此线附近投资者具有相当的卖出意愿。

一、支撑与阻力分析

1. 上升趋势中的支撑与阻力

上升趋势中，每个相继的高点和低点都必须高于前一个高点和低点。上升趋势中，如果新一轮调整值下降到前一个低点的水平，这意味着上升趋势即将结束，或者将转变成横向整理趋势。如果这个支撑水平被击穿，可能就意味着趋势即将由上升反转为下降。如图 12-4 所示。

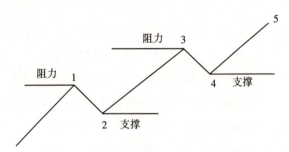

图 12-4 上升趋势中的支撑与阻力示意图

2. 下降趋势中的支撑与阻力

下降趋势中，每个相继的高点和低点都低于前一个高点和低点。下降趋势中，如果新一轮调整值上升到前一个高点的水平，这就是下降趋势即将结束，或者将转变成横向整理趋势。如果这个支撑水平被击穿，可能就意味着趋势即将由下降反转为上升。如图 12-5 所示。

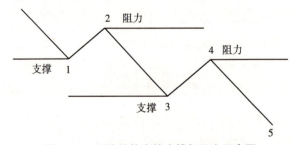

图 12-5 下降趋势中的支撑与阻力示意图

3. 支撑和阻力在价格的运动变化中会互换角色

只要支撑或阻挡水平被价格变化有效地突破，它们便会变成自己的反面。空头被多头击败后需要平仓，反过来增加多头的力量；多头被空头击败后也需要平仓，反过来增加空头力量；而他们平仓的区域正是原来的阻力或支撑位。如图 12-6 所示。

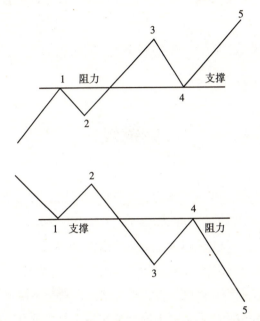

图 12-6　支撑和阻力在价格的运动变化中会互换角色示意图

二、支撑或阻力区的重要性由以下三方面决定

1. 市场在该处所经历的时间

价格在某个支撑线或阻力区逗留的时间越长，该区域就越重要。

2. 交易量

如果在此过程中伴随着高额的成交量，此区域的阻力或支撑就更强。

3. 交易活动距当前的远近

交易活动发生的时间越近，有关水平位置发生影响的潜力越大。

支撑水平被突破到一定程度之后就转化为阻挡水平；反之亦同理。短线的支撑位和阻力位被突破只需要3%左右的幅度，但是一些重要的支撑位和阻力位被突破往往需要10%左右的幅度。市场突破越大，人们越相信和确认。

市场往往喜欢在一些心理位和整数位上作停留，所以这些习惯数往往成为支撑位和阻力位。根据这类常识，投资者可以在这些心理位或整数位前及时平仓。如果很多人都愿意在习惯数附近平仓，我们在设置交易价格时最好高于或低于这一整数位而使交易顺利完成，同时止损点也应避免设在明显的习惯数上。

轨道线

在两条平行的阻力线与支撑线之间形成的范围，称为趋势轨道，根据这一轨道所画出的上下线称轨道线，一般分为"上升轨道"和"下降轨道"。股价沿轨道上涨到某一价位水准，会遇到阻力，回档至某一价位水准又获得支撑。轨道线在接高点的延长线及接低点的延长线之间上下来回。轨道线一旦确立，高低价位很容易找到，投资者可据此判断操作股票。

重要的趋势线被突破后表明原有趋势发生了重大变化，但是上升趋势线的突破意义相反，表示原有趋势的开始。如果价格无力抵达轨道线则趋势减弱，要警惕其趋势是否有变。

上轨及下轨往往被投资者当做短线买入或卖出的警戒线。在上升市道中股价跌破下轨，往往形成"空头陷阱"，可以大胆地补仓；在下降市道中如股价反弹冲破上轨，往往形成"多头陷阱"，可以大胆地清仓以免套牢。瞬间的穿越带给投资者很多机会，指数形成的轨道线常规性地提示出近期指数波动的区间，为中短期走势的研判提供依据。

轨道线同趋势线一样，轨道线未被触及的时间越长，试探的次数越多，就越重要和有效。

趋势线中的买卖时机

一般情况下，根据股价的变化画出大致的趋势线，可以判断股票买卖的时机。

一、卖出信号

（1）收市价位于趋势线的下方。股价极可能继续下跌，此时投资者应考虑卖出该股票，以免遭受损失。

（2）若干股票的价格低于趋势线的收市价。股价也极有可能继续下跌，此时也是卖出的信号。

（3）如果新一轮的下跌趋势形成，股价又回升到趋势线附近时，是卖出的时机。

（4）股价接近中期下跌的趋势线时是短期卖出的时机。

（5）上涨趋势在运行一段时间过后，股价由上到下突破了上升的趋势线，此时股市行情极可能会发生转变，股价也有可能改变运行的方向，投资者应该把握时机卖出手中持有的股票。

二、买入信号

（1）新一轮上涨的趋势形成后，如果股价回跌到上涨趋势线附近时，是买入的时机。

（2）股价的走势处在中期上涨趋势的过程中，股价在急速上升一段时间之后，会进入短暂的下跌回档整理，此时股价会受到一条短期趋势线的阻挡。如果股价突破该趋势线，则表明此时是一个新的短线买入的机会。

（3）股价在中期下降的过程中，下跌一段时间后出现短暂的反弹回升状。如果股价冲破该趋势线，则说明是短期买入的时机。

（4）如果中期上升的行情结束进入持续下跌的状态，并且跌幅较大、持续的时间较长，股价在突破由两个高点连接而成的中期下降趋势线时，是中线买入的时机。以后股价在上涨的过程中具有明显的对称性，也就是下跌与上涨几乎等同或是在哪跌下来又会涨回到原位置。

（5）一旦牛市结束，就会进入下跌时间长、幅度大的熊市之中，并且牛市的涨幅越大，熊市的跌幅也就越大、时间也就越长。如果熊市处于长期的下跌过程中，有时也会产生数次小幅度的反弹或上涨而形成一些明显的高点。两个重要的高点相连接形成一条长期下跌的趋势线，如果股价突破此趋势线，则表明此时是中长线买入的机会。

此外，投资者应该注意在上升或是下降的过程中出现的假突破状态。为了避免判断的失误而出现踏空、套牢，投资者应该对原有的趋势线进行修改补正。

当一轮较大的行情结束之时，股价在较长一段时间内会呈下降的趋势。但是，在下降的过程中，仍然会出现多次短暂的反弹。此时，我们可以将前面上升行情的最高点作为原点，与第一次出现反弹的高点连接成一条下降的趋势线。当股价持续下降突破原有的趋势线时，投资者不要误认为是跌势的结束，因为此种状态持续的时间不长，股价还会继续下降。直到股价突破第三条下降的趋势线时，才会形成真正的突破，此时也就意味着跌势彻底结束，股价会进入长期的上涨趋势。此时投资者应该把握住买入的最佳时机，以免踏空。同样的道理，当股价突破第三条上升的趋势线时，长期上涨的趋势结束，股价进入跌势阶段，此时投资者应该掌握卖出的时机，以免出现被套牢的危险。

第十三章　成交量

　　成交量是股市操作需要掌握的一个重要的技术指标。在每天公布的股市行情报表中，除了指数、价格和市盈率外，剩下的重要指标就是成交量。成交价与成交量密切相关。

　　技术分析的目的是探求股价变动的规律或趋势。如果在分析的过程中，仅限于对价格的变化进行研究，而忽视与之相应的成交量的变化，这种技术分析就是片面的，甚至会误导投资者的行为。

成交量概述

　　成交量是指在一定交易时间内买卖双方所成交的量，其计算单位为股和手，1 手=100 股。例如，某日某股成交了 50 手，即它当日的成交量为 100×50=5000 股。

　　成交量区别于成交值。当日的成交量乘以成交价格的金额总和就是一种股票当日的成交值。个别股成交值之和就是当日股票成交总量值。

　　成交量和交易量也有所不同。某只股票如果成交量显示为 100 股，表示买方买进了 100 股，同时卖方卖出了 100 股。在计算时成交量是 100 股。交易量则需要双边计算，买方 100 股加卖方 100 股，计为 200 股。

一、成交量的分类

　　量的分类一般随环境变化而变化。从形态上可分为多种，包括缩量、放量、地量、温和放量、巨量、天量及堆量等。

（1）缩量：缩量是指市场交投表现为相对比较清淡，大部分人对市场后期走势认同度较高。当日成交量低于前一日成交量10%以上，为缩量。纵向缩量至日换手率在3%以下才有意义。如图13-1所示。

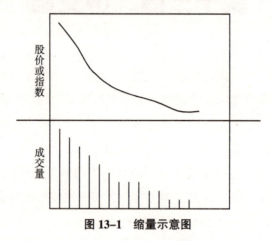

图13-1　缩量示意图

（2）放量：放量是指市场交投表现为开始活跃，投资人对后市分歧逐渐加大，对后期走势认同度降低。当日成交量高于前一日成交量10%以上为放量。只有放量至日换手率在3%以上的纵向放量才有意义。如图13-2所示。

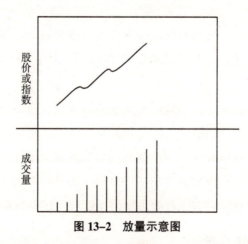

图13-2　放量示意图

（3）地量：地量是指市场交投极为清淡，交投极为不活跃，说明了绝大部分人对市场后期走势认同度非常高。实战中地量只有在日换手率在0.5%

以下，以及周换手率在 2%以下的地量才有意义。

（4）温和放量：一般指在前期市场低迷，出现持续缩量之后。温和放量是指当日换手率不是很大，一般在 5%以下，却比前面的缩量阶段有明显持续放大的形态。

（5）巨量：巨量主要是与前一阶段的成交量相比较而言，体现为成交剧增，横向和纵向比较而言都放出巨大的成交量，一般换手率在 10%以上。

（6）天量：天量是放量的一种极端表现形态，指市场交投极为活跃，成交量创出较长时段内的最高水平，只有当日换手率在 20%以上，以及周换手率在 50%以上的天量才有意义。

（7）堆量：堆量是指由连续数根成交量组成的形态。堆量往往是连续几期的换手率都比较大，每根成交量换手一般都是在 5%以上，在成交量指标显示上表现得非常明显，形状似山堆的形态。如图 13-3 所示。

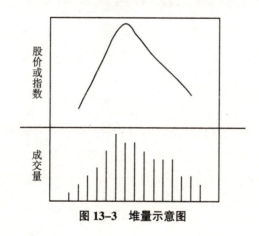

图 13-3　堆量示意图

二、成交量的意义

股语有云："先见量，后见价。"成交量是股价的先行指标。在长期冷清的股市上突然出现大成交量，表示多方开始着手入市，但股价不一定立即上涨，等到成交量持续稳定上升，换手积极，股价自然上升；当买气达到高潮时，敏感而有实力的投资者便开始出货，但此时股市上买气未散，股价短期内仍可维持，甚至再创新高价，但随着接手转弱，成交量开始减少，股票移动平均线成本越来越高，股价越来越难以维持，自然会向下跌落。

成交量代表股票市场投资人购买股票欲望的强弱。当股市进入上升行情时，成交量开始增加，上升到一定程度，直至无法再增加，就进入整理阶段，成交量逐渐减少。另一段上升行情再起，成交量再度增加。当股价下跌时，成交量开始迅速萎缩，下跌到一定程度，股价反弹并进入整理阶段，成交量则有所增加。另一段下跌行情再起，成交量便会再度萎缩。

因此，股价如果要持续上升，一定要有大成交量为基础，表示换手积极，这样才能维持股价；如果下跌，一定伴随成交量的相应萎缩，表示人气低迷，股价在没有支撑的情况下向下滑落。

价量关系体现买卖时机

常见的价量关系分为五种，它们体现着不同的买卖时机：

一、价平量增

价平量增多出现于盘整后期。如果股价在经过一段较长时间的下跌后处于低价位区时，成交量开始持续放出，股价却没有同步上扬，这种走势可能预示着有新的资金在打压建仓。一旦股价在成交量的有效配合下同步向上，则表明反弹快要来临。

二、价升量增

价升量增多出现在上升行情初期。经过一轮较长时间的下跌和底部盘整后，市场中逐渐出现诸多利好因素，这些利好因素增强了市场预期向好的心理，这时候股价上升，换手逐渐活跃。随着成交量的放大和股价的同步上升，投资人的持股成本也在增加，股价的上升得到了有力支撑，为股价的进一步上升打下了坚实的基础。因此，量增是价升的必要条件。经过长期跌势或盘整，成交量的放大与股价的上升，是投资者吸纳筹码的大好时机。

三、价升量缩

价升量缩多出现在上升行情的末期。在持续的上升行情中，适度的量缩价涨表明主力控盘程度较高，大量流通筹码被主力锁定。但毕竟量缩价涨所显示的是一种量价背离的趋势，因此，在随后的上升过程中如果出现成交量再次放大的情况，可能意味着主力在高位出货。

这种情况应迅速离场。

四、价跌量增

价跌量增多出现在下跌行情的初期。在下跌行情的初期，股价经过一段较大的上涨后，主力派发筹码已近尾声，投资者纷纷抛出股票，致使股价开始下跌，这种高位价跌量增现象是卖出的信号。

五、价跌量缩

价跌量缩现象一般可能出现在下跌行情或上升行情的中期。下跌行情中的价跌量缩最能够消磨多头的意志，股价还将维持下跌，此刻投资者应以持币观望为主。

量价线研判

根据量价线基本形态绘制成逆时针八角图（如图 13-4 所示），帮助我们直观、清晰地判断股市的走势。

要点如下：

（1）股价经过一定程度的下跌后，跌幅开始缩小，成交量由萎缩转为递增，为阳转信号。

（2）成交量持续增加，价格同步走高，量价线由水平转为向右上升，进

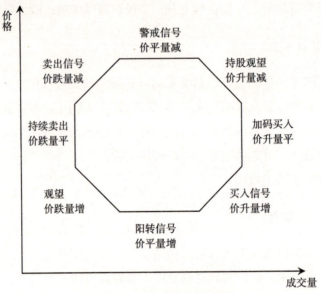

价格

警戒信号
价平量减

卖出信号
价跌量减

持股观望
价升量减

持续卖出
价跌量平

加码买入
价升量平

观望
价跌量增

买入信号
价升量增

阳转信号
价平量增

成交量

图 13-4　量价线研判示意图

入多头位置，为买入信号。

（3）股市中买卖成交量变化不大，但需求有所增加，价格持续上升，投资者可在股价回档的时候加码买进。

（4）股价上升，但涨势缓慢，成交量也有所减少，走势有减退迹象，投资者应持股观望，不易追涨。

（5）股价在高价区做横盘整理，成交量逐渐萎缩，此时已经很难再创新高，这是警戒信号。此时投资者不应买入股票，而持股者应该着手卖出股票。

（6）股价从高位逐渐下降，成交量萎缩，量价线由水平转为下移，表明股市进入空头市场，为卖出信号。

（7）成交量减势渐缓，甚至萎缩至低水平，股价仍急速下降，此时应逢反弹卖出持股。

（8）股价小幅下跌，但成交量递增，表明股价接近底部。此时应保持观望伺机而动。

上述内容表明了多、空头市场的量价转化关系。使用量价线研判行情走势，同样需要配合其他技术分析方法，才能确保盈利。

多空头市场阶段特征

一、多头市场

多头市场体现为换手积极。股价下跌，成交量就适度萎缩，如果在当次行情的二次突破成交量无法再扩大，股价容易回跌，如此一段段上升，价增量涨，直至成交量无法再扩大，上升行情方告结束。

多头市场初级阶段，也是突破盘档形态之时，多空展开激烈的争斗，此时量增价涨，在往后上升行情里，少见如此大的成交量。这是做长线而实力强劲的买方帮助多头消化不少浮动筹码，同时基于自卫，继续买进，使股价远离购买平均成本价格。因此，股价突破盘档，成交量大增，股价继续上涨，是多头市场来临前兆，也是买进信号。

多头市场结束前，成交量也会放出信号，暗示股价即将下跌，经过长期上升，高价圈里每天持续出现巨量。当成交量显著萎缩，表示买方主力已撤退，稍有利空消息，股价立刻下跌。

二、空头市场

空头市场体现为换手不积极，此时价低而量缩，下跌行情的次级行情里，成交量若无法再萎缩，股价易出现反弹，如此一段段下跌，出现价低量缩的新纪录，以致成交量无法再萎缩，下跌行情就此结束。

空头市场初级阶段，多空对于股价看法不一致，换手积极，成交量大，直至某日出现大跌，多头受重创不再正面抵抗，此时价跌而量缩，这是主力在试探市场需求性后，放出的单子不再补回，市场缺乏调节性，交易停滞，股价远离大成交量聚集的价位。因此股价跌破盘档，成交量增加，股价继续下跌，是空头市场来临先兆，也是卖出信号。

空头市场结束而转为多头市场前，成交量会放出信号，股价波动小，卖方退出，经过一段时间的整理，多头萎缩，随后成交量有放大迹象，股价有时立刻回升，有时不动，但是经过几次大换手后，上涨势在必行。

避开成交量的陷阱

成交量有时也是庄家设置陷阱的常用方法，对此，投资者应如何防备？我们主要总结为以下几点：

一、价升量增的陷阱

价升量增一般是需求增加、后市向好的走势，但在某些情形之下，对于量增价升需有所警觉。

（1）股价上升到一定幅度，获利回吐的压力增强，如果K线图出现阳线实体缩短，成交量停滞不前，尾市突然"量增价升"，有可能是主力在拉高出货的骗线，投资者此刻应谨慎为妙。

（2）股价逆大势下跌而放量上攻，很多人会认为个股逆势而为，会有潜在的利好公布，因而大胆跟进。可是，这种行情出现一两天后迅速下跌，这是庄家利用了反向操作的心理，在拉抬中达到出货的目的。

（3）久盘后突然放量，造成成交量放大的假象，引诱散户盲目跟进，庄家趁机在高位出货。我们不能盲目抢进，尤其是在股价大幅涨升或欲升不能时。

二、价升量缩的陷阱

价升量缩是股价缺乏上升动力的征兆。只要庄家不出货，股价可以缓升，也可以急升，而成交量却不一定配合，明显呈"价升量缩"的特征。由于筹码集中，庄家可以自由地操纵股价，除非庄家出货股价才会"跳水"。

庄家吸筹时，成交量不必太大，只需在底部多盘整一段时间。而出货时，由于手中筹码太多，总得想方设法设置成交量的陷阱。所以，在研究量价关系时，应全面考察一只股票长时间的运行轨迹，摸清庄家的活动规律，避免在庄家放量出货时盲目跟进。

第十四章 缺 口

在股市每日交易过程中，会发生某些价位没有成交的情形，在 K 线图形中却没有显现出来。它们通常比许多隔天的缺口更具有分析价值。如何运用缺口作为操作依据也是新股民操作中非常重要的一环。

缺口概述

缺口一般出现在日线图中。在大幅度上涨行情中，股价日线图出现当日成交最低价超过前一交易日最高价或在下跌的行情中成交最高价低于前日最低价的现象，在趋势图中显示为一个真空区域，这个区域被称为缺口。如果最低价格高于前一个交易日的最高价格，形成向上的缺口；如果最高价格低于前一个交易日的最低价格，形成向下的缺口。如果经过一段时间反转回来，回到原来缺口的价位，我们称为补空。如图 14-1 所示。

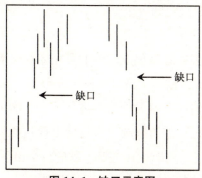

图 14-1 缺口示意图

一、缺口的分类

缺口按其形态一般分为四类，即普通缺口、突破性缺口、持续性缺口和竭尽性缺口。如图 14-2 所示。

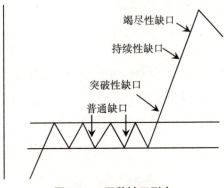

图 14-2　四种缺口形态

1. 普通缺口

这类缺口经常出现在交易密集的整理或反转区域中，因此如果发展中的矩形和对称三角形出现缺口时，可以确定此形态为整理形态，它的特征是出现跳空现象，但并未导致股价脱离形态而上升或是下降，短期内走势仍是盘局，缺口也会被补空。短线操作者如果预测到这一发展迹象，可在此价格区域内高出低进，赚取差价。普通缺口由于很容易被封闭，短期技术意义近乎为零，但是对于较长期技术分析却有很大的帮助，因为一个密集形态正逐渐形成，终究多空双方要决定胜负。

2. 突破性缺口

突破性缺口指在密集的整理或反转形态完成后突破盘局时产生的缺口。表现为股价以一个很大的缺口上升或下降远离形态，突破盘局，这表示真正的突破已经形成，行情将顺着股价趋势进行下去。如果股价是向上端突破，整理区域便成为支撑区，将有继续上升行情出现；如果股价是向下端突破，整理区域便成为阻力区，将有一段继续下跌的行情出现。缺口显示突破的有效性，且突破性缺口越大，表示未来变动越强烈。

突破性缺口需要同成交量配合，如果发生缺口前成交量大，突破后成交量没有扩大甚至随价位波动相应减少，表示突破后并没有大换手，行情变动一段时间后，便会回补缺口。突破性缺口发生后，成交量不但没有减少，反而扩大，则此缺口近期内将不会回补。下跌突破缺口并不一定出现大成交量。

3. 持续性缺口

也叫逃逸缺口，通常是在股价突破形态上升或下跌途中远离形态而在一个整理或反转中途出现的缺口。它区别于突破缺口，是离开形态或密集交易区域后的急速上升或下跌时出现的。这种缺口可以大约预测后市波动的幅度，所以又被称为测量缺口。如果行情中出现两个缺口，股价变动的重点可能就在两个缺口中间。如果跳空连续出现，表示距变动重点越来越近。股语有云："三跳空，气数尽"，说的就是这个意思。

4. 竭尽性缺口

出现在接近市场（包括多头和空头市场）运动的尾声。在上升或下跌行情出现竭尽性缺口之前，就已经出现了其他绝大多数类型的缺口，但并不是所有股票在行情结束前都会产生竭尽性缺口。如果缺口所发生的交易日或次日成交量比过去显得庞大，而预期将来一段时间内不可能出现更大成交量或维持此成交量，极可能就是竭尽性缺口。如果缺口出现后隔一天行情有反转且收盘价停在缺口边缘，竭尽性缺口的可能性更大。同样，下跌行情结束前出现向下跳空 K 线，成交量萎缩，此缺口也是竭尽性缺口。

二、缺口的作用

1. 辨别突破信号的真伪

可以帮助我们辨认突破信号的真伪的是突破性缺口。如果缺口发生前有大的交易量，而缺口发生后成交量却相对地减少，不久缺口将被封闭的概率为 50%。如果缺口发生后成交量并未随着股价远离缺口而减少，反而加大，则短期内缺口一般不会被封闭。

2. 预测股价未来可能移动的距离

持续性缺口能大约预测股价未来可能移动的距离，因此又称为测量缺口。其测量的方法是从突破点开始，到持续性缺口始点的垂直距离，这是未来股价将会达到的幅度。

3. 预示市道的转向

竭尽性缺口的出现，表示股价的趋势将暂告一段落。如果在上升途中，表示即将下跌；若在下跌趋势中出现，则表示即将回升。需要注意的是，竭尽性缺口并非意味着市道必定出现转向，只是有转向的可能。

缺口的研判

缺口现象在 K 线图形里并不罕见，如何辨别缺口种类？大致可从各类缺口的特征去判断。

一、竭尽性缺口与普通缺口的区别

相同点：竭尽性缺口和普通缺口均可能在短期内补回。

不同点：可由位置判断，竭尽性缺口出现前绝大部分均已先出现其他类型的缺口。

二、普通缺口与突破性缺口的区别

相同点：发生时都有区域密集的价格形态陪衬。

不同点：前者在形态内发生，没有脱离形态，后者则在股价变动要超越形态时发生（持续性缺口没有密集形态伴随，而是在股价急速变动时出现，也就是在行情中途出现）。

三、突破性缺口与持续性缺口的区别

相同点：一般在短时间内不会被封闭。

不同点：

（1）突破性缺口较持续性缺口更不易被封闭。

（2）突破性缺口表明一种股价移动的开始，持续性缺口是快速移动或近于中点的信号（竭尽性缺口则表示已至终点）。两者凭借它们的位置和前一个价格形态就可以辨认（竭尽性缺口不能立刻确认、分辨出来）。

持续性缺口形成时的成交量变化情形为：股价在突破其区域时急速上升，成交量在初期量大，然后在上升中不断减少，当股价停止原来的趋势时成交中又迅速增加，于是便形成一个巨大的缺口，这时候又再开始减少。

四、竭尽性缺口与持续性缺口的区别

相同点：竭尽性缺口就像持续性缺口一样是伴随快而猛的价格上升或下跌而生。

不同点：缺口发生的当天或隔一天的成交量非常大，而预料短期内不容易维持或再扩大成交量，则这可能是竭尽性缺口，而非持续性缺口。

竭尽性缺口通常是形成缺口的一天成交量最高（但也有可能在成交量最高的翌日出现），接着成交减少，显示市场购买力（或沽售力）已经消耗殆尽，于是股价很快便告回落（或回升）。

根据缺口决定买卖点

一、根据缺口决定买入点

（1）普通缺口有三五天之内出现回补的特性。所以，我们可以利用这一特性，在缺口产生后，逢高则逐级地减持筹码。等到股价回落到缺口位置后，我们就可以计划这一回合的买进策略了。

（2）突破性缺口表示一种趋势的开始，投资者在发现突破性缺口后应及时地调整操作策略。如果出现了上涨突破性缺口，则是多头行情的征兆，那么持股者可继续持股，或者补仓，日后仍将有高价出现，同时持币者可以在回跌时追涨买入。

（3）如果突破性缺口一旦形成，其所在的区域会形成对股价较强的支撑或压力，即使会出现近期的反弹或回档，也不会将缺口完全填补，这也就是市场中所说的"折返走势于缺口"。

（4）缺口若出现在多空间僵持不下的盘局尾声，投资者可以肯定地抓住未来一段时间内股价波动的方向。股价向盘档上端突破，并在三日内不补空，可大胆地买进。

对于上升缺口来说，下跌的折返走势应该停止于缺口之内，而折返的回撤幅度对股价后市的止升力度有较大的影响，若仅回调至缺口的上沿即掉头向上，这就表明股价新的上涨行情即将来临，即是一个买入的时机。如果随后的折返走势回到缺口一线甚至是缺口以下，并且收市价高于缺口的下沿，则意味着股价可能会持续上升，投资者依然可以继续持有或买进。如果出现了持续性缺口，则意味着行情已经发展到中途，并且行情会加速运行，短期内不会出现回补的现象。持续性缺口的测市意义非常重大，我们可以用它来预测股价将会达到的幅度。具体方法是：从逃逸缺口产生的位置开始，即突破点开始，到持续性缺口始点的垂直距离。

二、根据缺口决定卖出点

（1）股价若在某一形态内变动，之后突然发生反转，并朝着相反的方向突破，产生缺口，此时应做相反方向的委托。之前做多头，此刻应该立即做空。

（2）在空头市场里，如果遇到突破缺口时，应把它当成我们的一个卖点，果断地卖出我们手中的股票。而判断出是竭尽性缺口时，可以限价买进，开始做多头。下跌突破缺口不需成变量的增加来印证。

（3）突破性缺口形成后，股价急速上升的过程中如果又出现一个缺口，这时需要辨别是持续性缺口还是竭尽性缺口。若是持续性缺口，则可继续持有股票，在预估价位来临时，限价抛出，减少手中的股票，当反转出现时，就应当卖出所有股票了；如果能确定此缺口是竭尽性缺口，那么就应该立刻不限价地抛出手中的股票。

　　竭尽性缺口如果出现在上升途中，则表示股价即将下跌；若在下跌的趋势中出现，则意味着股价的回升，但是值得注意的是，这种暗示只是一种可能，投资者买进时需要小心谨慎。

　　（4）缺口若出现在多空间僵持不下的盘局尾声，股价向盘档下端突破，并且三天不补空，则无须再考虑，赶紧抛出股票，以减少不必要的损失。

　　（5）在一次上升或下跌的过程里，缺口出现愈多，显示其趋势愈快接近终结。当升市出现第三个缺口时，暗示升市快告终结；当第四个缺口出现时，短期下跌的可能性更加浓厚。

　　缺口对股市有着预警的作用，我们可以通过分析缺口的类型，以更好地制定我们的投资策略。

第四篇

如何判断最佳买入时机与买点

第十五章　正确理解股票市场的买入理念

　　量子基金创始人、环球旅行家吉姆·罗杰斯曾说过："成功的理念可以跨越时空。"股神和普通股民的最大不同就是股神具有超凡的成功理念——判断力。因为炒股和作战一样，谁有精准的判断，谁就会成为赢家，成功与失败常常在一念之间。

　　所以，正确理解股票市场的买入理念正是在考验我们思考的极限——一种蕴含在心灵深处的力量。

选择短线还是选择长线

　　中国自从有了股市，很快就在书店出现了大量关于股票的书籍，从散户到庄家，从技术到理论都充满了各自不同的观点，但只有在谈论到炒股是长线赚钱还是短线赚钱时，"长线是金，短线是银"的观点才几乎没有什么争议，而且初期按面值认购的原始股长期捂住不放获得暴利的事实似乎也证实了上述观点的英明正确。

　　短线交易是一种艺术，交易灵活，有复利的可能，成功的操作会使盈利迅速地增长，而且在理论上几乎每个交易日均可操作，但很难通过学习得到，需要很高的天赋和悟性，很多人希望通过学习技术分析而成为短线交易高手是不切实际的；而长线交易则是一种计划，很容易通过学习而学会，对个人的知识和素质要求也不是很高。

因此，选择短线还是长线，对大多数投资者，尤其是新股民来说，必须是一种理性的选择。因为大多数投资者初入股市都是血气方刚，对股市风险认识不足且盲目自信，大多没有经过严谨的研究思考和采用严密的交易方法。如果行情好可能会偶尔赚点糊涂钱；反之则亏损严重。此时的投资者大都因为不断亏损而陷入一种混乱的投资思维中，对自己由自信开始转变成怀疑。

可以说，这几乎是每一个初入股市的投资者必然经历的一个阶段。所以投资者在买入进场的时候，一定要先搞清楚是选择做短线还是做长线，而决定做短线或者做长线的前提，是对市场的运行状态有一个明确的把握。

例如，作为短线投资者，虽然可充分发挥其追逐热点方面的优势，对行情不同阶段出现的热点可及时地买进卖出，可及时参与各种题材操作，充分享受波段操作带来的快乐。但是，这种理想状态只能存在于一个人的脑海之中，因为在现实生活中，要想真正把握好每个波段，不但市场很多题材真伪难辨，要有极其敏感和灵活的短线能力，而且短线操作讲究的是见好就收，如果获利阶段已经结束，而投资者依然在自我陶醉，结果可想而知。

市场是千变万化的，行情有大有小，投资者一旦抱定一个惯性思维，每一次操作都一定要做短线，或每一次操作都一定要做长线，这对他们日后的炒股生涯是非常危险的。

在中国股市，一般来说，很难用一个标准来衡量长线和短线之优劣，每个投资者的性格不同，投资风格不同，所采取的投资方法也各不相同，所以不要刻意去追求绝对做短线或长线，这样反而会乱了你的思考，混淆了你的理念。

例如，关于做长线发财的人，报纸上、媒体上都曾登载过不少，有人2年间从5万元增值到200万元，有人5年翻了30倍。但是，这种成功的概率其实非常低。因为在投资市场上想要有成熟的心性就先要学会忍耐，作为长线投资者在行情运行过程中不仅要放弃其他许多自认为非常有把握的投资机会，必须忍受其他个股轮番涨停的诱惑与刺激下的痛苦，而且还要忍受股价的短期波动带来的盈亏波动，这种折磨足以使许多长线投资者半途而废，前功尽弃。

其实在中国，长线有时风险会更大，一个企业不是发行了股票，筹集到了钱就可以高枕无忧。决策失误、体制不顺、管理不善，常常使企业在有了更多的钱后，反而加速它的失误和破产，所以长线投资者需要长时间保持着自身的冷静与豁达的情绪，以及客观和理性的思维，并且需要时刻坚守着既定的投资纪律。

总之，选择长线还是短线，要看市场大的趋势。这就好像在军事理论中，领兵打仗不能只用一套作战方法，应该根据天时、地利、人和等不同形势的变化，根据敌我双方力量的对比，知己知彼，实事求是地做出符合客观实际的作战方针。

短线的秘密

有人说股市如同战场，每日硝烟弥漫危机四伏，无数股民在与股票的战斗中受伤倒下，也有无数股民在战斗中脱颖而出成为了一代强者。很多股民认为炒股这一行业玩的就是刺激，炒的就是快感，要的就是挥金如土、一夜暴富的感觉。然而有多少人从中胜出，又有多少人在股市中成为了强者。

当现实告诉我们结果时有没有感觉到，为什么新股民的成长道路如此艰辛，为什么短线战场中伤亡率持久居高不下？

很多新股民在潜意识中认为，由于自己缺乏对股市的把握经验，所以炒股的首选方式是短线而不是长线。而且很多新股民选择了超级短线的方式，即股票在手中持有时间不会超过三日，一般在当日或在第二日便进行交易。

其实，超级短线本身并没有太大风险，因为往往选择这种方式的新股民有一定的选股原则，这便是选择强势股票或者龙头股票。然而当一些新股民具备了一些短线经验之后便开始忽略这一原则，从而导致炒股风险的增加。

做短线，尤其是做超级短线，所需要的是敏锐的股市洞察力，以及持续的股市观察时间，只有在这两种基础上我们才能分析出可靠的短线数据，才能够发现股市中短线机遇的存在。

　　然而在热板中很多新股民喜欢跟风或者在持有疑问的情况下购买个股，这样自然会导致在短线战场中出现更多的受害者。根据股市强者总结的短线经验，我们可以从技术层面了解到，任何超级短线股的选择，必须连续五日呈现向上趋势，且有一定斜率才能够慎重考虑，这是除龙头企业之外很少有个股可以做到的。

　　为何说要选择有一定斜率的股票？因为有些个股随着企业的发展变动会呈现出连续暴涨的局面，即看暴涨五日的短线，这只股票的确是不错的选择，然而通过对整体走线斜率分析后我们就不难看出，其中蕴含的风险究竟有多大。

　　另外，超级短线还要设定好止损点，一旦出现特殊情况我们要及时止损出局。短线与长线不同，因为我们做出的技术分析是针对短线总结的，所以我们无法像长线一样确保一定时期后股票会涨，这种情况下我们必须拿出勇气及时止损，否则对局面很容易失去控制。

　　原则上短线获利也有一定的安全界限，即 3%~5% 为安全区间。当我们获利 3%~5% 之后便可以及时出手，以确保短线的最大安全。很多股民，尤其是新股民在这一点的把握上并不是十分到位，总认为 3%~5% 的安全区间略显急迫，股票既然呈现涨势，理论上不会在短时间内出现太大变动。然而股市千变万化的铁律是绝对不能被忽略的，既然我们选择了短线方式，就一定要明白，我们是在进行一种积少成多的获利方式，如果看到涨势就将短线变为长线，存在这种思想的新股民一定会付出惨痛的代价。

　　那么新股民会面临哪些短线挑战呢？由于短线属于高频交易，所以其中存在的变动概率远远大于长线，各种情况我们都可能遇到，在这一过程中，新股民最忌讳出现患得患失的心理，即我们需要做一个时刻拿得起放得下的人，即便我们选择的股票已经呈现出了下跌趋势，也不要过于慌张，及时抽身而出放空自己，准备下一次短线战斗即可。

　　同时，新股民一定要学会面对失败，面对挫折。我们可以询问一些股市中的前辈，所有人都是从短线的失败中成长起来的。炒股的失败并不会伤害我们的自尊，在股市中亏损是最常见的现象，也是所有股民必须突破的考验，一位合格的股民一定要学会在第一时间正确面对错误，即绝对不能抱有任何侥幸心理，买入后跌停或者卖出后涨停都有可能碰到，在这种情况下永远不要产生懊恼的情绪，如果我们连这点肚量都没有，以后便很难在股市中生存。

当代股市中有一个非常著名的投资理论——鳄鱼原则，这一原则对于超级短线股民而言非常适用。所谓"鳄鱼原则"，这源自鳄鱼的吞噬方式：猎物愈试图挣扎，鳄鱼的收获愈多。假定一只鳄鱼咬住你的脚，并等待你的挣扎，如果你用手臂试图挣脱自己的脚，则它的嘴便同时咬你的脚与手臂。你越挣扎，陷得越深。所以，万一鳄鱼咬住你的脚，务必记住：唯一的生存机会便是牺牲一只脚。

这一原则告诉了我们，当遇到挫折时，无论我们损失多少，第一时间应该选择的是脱身，而不是挣扎。要记住短线战场中保命是获胜的最大根基，如果我们连保命的原则都忘记了，那么短线战场一定会成为我们的墓地。

对于新股民而言，或许我们无法体会如此深刻，因为大多数新股民属于散户。但是散户同样需要遵循股市中的各种原则。同时千万不要认为散户是股市中可有可无的弱者，对于短线战场而言，散户其实比主力拥有更多的优势。

因为主力在短线战场中未必每次都可以笑到最后，在残酷的短线战场中他们一直遭受着股市的各种冲击，而散户则可以躲在主力背后寻找发展的机遇。在短线战场中散户最大的弱点在于过于担心无法把握获利的机遇，无论在战场中主力的表现如何，散户对机遇的把握时间都远远短于主力。

这种情况导致短线战场中大多数散户基本无法准确把握控场持币的时间。

同时散户在短线战场中也存在着更大的优势，这便是我们的灵活性。虽然我们没办法看到股市主力是如何抓住机遇的，但绝对可以看到这些主力抓住机遇后是如何选择的，根据这种选择我们可以及时修改我们的短线路线，在主力获利或者止损的基础上更加灵活地调整我们的方式。

对于新股民而言，短线战场事实上比长线更加危险，因为其变动率远远大于后者，这就导致很多人在善变的短线中失去了更多。但是短线战场同样比长线战场中存在更多的机遇，面对这些机遇的诱惑我们应该如何作为呢？

发现短线战场中的秘密，即透析短线战场，在确保自己生存的前提下，时刻遵守股市中的铁律，无论何时都不可被利益所驱使，做到持久百分之百把握自己，我们才能实现积少成多的创富梦想。

勿以资金论英雄

在股票市场，人们根据投资者资金实力的不同划分出大户和散户。大户就是大额投资人，也就是资金实力较为雄厚的股民，往往 50 万元以上的可以称为大户。虽然大户的比例也只占股民的 5%左右，但其资金实力却占到整个股市的 70%左右。可以说，他们是股票市场中的一个特殊群体，可以进大户室，尤其是拥有几千万元的大户，例如财团、信托公司等。

散户是指在股市中，那些投入股市资金量较小的个人投资者，其入市资金一般在几万元左右甚至更低，基本由工薪阶层组成。通常在证券营业部交易大厅内从事股票交易的股民都是散户，散户的人数众多，占股民总数的95%左右。

因此，有很多投资者认为，大户出于资金雄厚占有绝对优势。

首先，大户相对于散户而言，可以通过一些高科技手段（如电话、电传等先进的通信技术）猎取第一手资料，而且他们还可以通过各种关系获得大量的内幕消息，甚至有些机构大户本来就是股票交易的关联者，如证券公司的自营机构，上市公司的雇用炒手等。由于他们本身就是产生信息的母体，所以机构大户往往都能在散户之前得到确切的消息并进行相应的操作。

其次，由于机构大户通常进行的都是资金数额比较大的交易，券商可以从他们手中获得非常丰厚的佣金作为自己的收入，他们是券商真正的"衣食父母"，所以券商往往把机构大户看作真正的"衣食父母"，并将他们安排在大户室内进行交易，并配备有齐全的炒股工具，如完善的电脑分析软件、充足的交易跑道、先进的交易设备和清晰的股票行情显示屏幕等。

而一般的中小散户由于资金有限、人数众多，在股市交易中散户的行为带有明显的不规则性和非理性性，其情绪极易受市场行情和气氛的左右。由于散户基本都是业余投资者，其力量单薄，时间和精力没有保证，其专业知识和投资技能相对较差，所以散户在股市投资中往往都成为机构大户宰割的对象，其亏损的比例要远远高于大户。

其实，这种把股票市场称为"大鱼吃小鱼"的说法是不正确的。因为股票市场不以资金论英雄，即使是大户，其买卖决策主要还是基于对走势的判断，而市场走势永远不会脱离涨和跌两个方向，换句话说，能否赚钱并不取决于你是大户还是散户，而是取决于谁看对方向，只有看对方向的人才是赢家。

散户由于资金少，考虑买卖时通常只对走势做判断，而且在他们的理解范围内往往能对上至国家宏观经济政策、行业政策，下至上市公司财务状况、高级管理层的讲话阐述翔实的个人观点，甚至时常切磋看盘技巧，或者到上市公司做实地调研，在一些特定时期，进货容易出货方便，比大户更具优势。

股票市场不以资金论成败，"顺势而为"才是股市的经典名言。如果大户操作不好同样会变成散户甚至被消灭，而散户只要把握住市场机会，非但不会被大户吃掉，反而能跟随股市的发展最终成为大户。这样的事例在深沪股市不胜枚举。

所以，无论是大户还是散户都具有各自不同的优势，任何一方都不可能占绝对上风，机会是均等的，只有跟随股市的"势"才能赚钱。

涨与跌都有机会

股票市场的迅猛发展为投资者提供了诸多便利。然而，与投资者增长速度成鲜明对比的是，那些相关的买入理念与金融市场的发展程度依然存在一定的偏差，其中最为薄弱的环节就是众多投资者对股票市场的涨跌尚缺乏正确的认识。

　　国内很多投资者把股票市场的涨跌看成是洪水猛兽。实际上，股票上涨是因为跌到了支撑位，股票下跌是因为涨到了压力位（这个支撑位与压力位是按照波浪理论算出的，且准确率为98%），股票市场的涨跌是完全可以由投资者来控制的，如果配合以适当的操作手法与配置比例，投资者完全能够做到有效地规避金融工具带来的风险。

　　股票市场的涨跌不仅是非常正常的现象，而且也是投资者盈利的良机。因为买股票和买东西不同，虽然很多人认为买股票是投资，但是99%是投机，都是在赚取股票市场波动时的差价。试想，有几个投资者不是希望买完股票—涨价—卖出—下跌—再买进，而且是跌得越多越好？

　　投资于股市的人，都想在低点进入在高点卖出。然而，所有的投资者却在犯着同一个错误，就是在低点时不敢大胆进入而在高点时又不敢果断卖出，不能抓住股市中的大好机会。

　　股市升跌几乎就是自然规律，有涨必有跌，有跌也必有涨。机遇在痛苦中产生，也在绝望中来临，股票市场的涨与跌都有机会。作为投资项目的可行性研究，最简单的判断标准就是在股市中进行逆向思维操作，即别人卖出时我买进，别人买进时我卖出。

　　相信任何一个投资者投身股市并非助人为乐，成千上万的人都是为赚钱这一共同的目标才走到一起。但由于中国股市起步较晚，所以有些人的概念是只有在上涨市道中持股才能赚钱，而在下跌市道中，持股却要赔钱。殊不知，即使是单边市，升跌都有机会。

　　事实上，市场目前的低迷仍然是由于多数投资者过于贪婪所致。例如，大盘已经下跌近80%，底部特征已经非常明显，但大部分投资者不敢买入，总想等待反转的来临。而当能够通过走势判断和确认反转的时候，大盘必是已经有了一定的涨幅而面临调整的时候，等再度冲高的时候，投资者反而又到了不敢买入的状态了。所以赚不着钱的投资者不但在牛市的时候贪婪，在熊市的时候也贪婪，不想冒一点风险，也不想有一点损失，从而错失良机。

　　这其中的简单道理投资者应该都明白，市场永远是具有波动性的，而且这种波动性在短期市场中的轨迹是飘忽不定的，甚至在里面具有很多的不确定性。但是，市场同时也是一个需要理智的地方，而不是一个拿钱来比武斗狠的地方。

总之，股市中涨涨跌跌永无休止。但在大幅震荡的行情中，一闪而过的最高价或最低点常常蕴含着某种机遇。对于真正理性的投资者来说，往往是在市场人气最低迷的时候开始建仓，虽然在建仓之后，市场仍有再次探底的可能，但幅度已经非常有限，这个幅度伴随着成交量的萎缩和交投意愿的降低，一般都非常小。所以，只要掌握好持货持币的比例，不管股市突破盘局之后向何方向运行，仍然有较好的盈利机会。

第十六章　判断最理想的买入时机

股票市场的"买"、"卖"如同农业中的春播秋收一样，没有买入就谈不上收获，如果想要收获丰盛，就需要学会把握住播种和收获的时机。好的开始是成功的一半，有效地判断买入时机有助于新股民实现盈利的目的。

如何判断是否应该买入股票

一、买入时机的判断

很多优质公司的股票经过持续下跌，价值容易被低估，因此投资者如何选择个股的介入点和介入时机直接影响投资收益，新股民对股市的变化还不能熟悉掌握，因此买入操作时考虑的因素更应该全面，判断是否应该买入可参照以下三个方面：

1. 根据大势的强弱判断买入时机

通常我们可以根据市场的表现判断大势强弱，当股市处于升多跌少、对利好消息敏感、对利空消息麻木的状态中，我们称为强势；反之则为弱市。当然，对市场的强弱之分还要结合人气、成交量及技术指标等诸多因素。利用消息面选择买卖点，首先对大势要有一个较为客观的判断。如果大势表现为强势，不管是利好还是利空消息出现，都能给我们带来极好的买卖时机。

因为如果整个股市处于强势上升阶段和情绪高涨的气氛中，一些股票的价格虽因某种利空消息影响突然下跌，但不被市场接受，大家只知道指数还要升，股价还会涨。所以在那样的市场中，某只股票的突然下跌正是最好的吸纳时机。

如某上市公司董事局成员涉嫌受贿被捕，这无疑是一个利空消息，此消息见报后此上市公司股票开盘即告下跌。若在市场大势上升动力不强的阶段，公司股票的跌幅可想而知，可是由于当时整个股市升势强劲，公司股票价格虽一度急挫，但整个市场大势极强，给人们的第一感觉是股价突然便宜了很多，和其他股票的价格相比吸引力很大，于是买盘纷纷进场，此上市公司在利空消息出现的当天先跳空下跌，若在下跌的最低位买进，收益将高达80元左右，可见强势市场利空出现是买进的绝好时机。

2. 根据行业的景气度判断买入时机

行业景气度影响中期趋势。

根据行业景气度判断买入时机也就是判断行业的景气度是否在上升。根据行业的景气度判断被称为"晴雨表"理论。选择景气度高的企业，从长远看，如果恰逢在成长期介入，你已经立于不败之地了。如果大势处于长期上升阶段，固然值得庆祝，即便身处熊市，也不要紧，只要付出一些成本和时间，仍能够超额赢回利润，等到企业发展进入成熟期再离场。

以银行股为例。近年来银行业上市公司经营情况都非常好，盈利增长在加速，而坏账率在下降，经营情况有超预期的迹象。银行业经营景气度的快速上升，直接的结果是会使其盈利加速，业绩出现拐点。

中期因素是最容易被感知却又最容易被以偏概全的。人们总是用行业的景气度来判断股市的涨跌，但这仅仅是影响股市变化因素中的一个重要因素，而并非全部。

3. 根据行业政策判断买入时机

行业政策影响短期趋势。

国家经常会针对各类行业颁布不同的有利或不利的政策，比如现在国家重点扶持的农业政策，在政策的影响下，此时可选择农业类的具有代表性的上市公司买入。

以家电业为例，从 2008 年 10 月"家电下乡"政策推广到全国以来，其他刺激家电消费的政策也陆续出台，在诸多利好政策的推动下，行业复苏迹象已经显现。2009 年第一季度成为家电行业止跌回升的一个起点。从 2009 年上半年看，行业全面复苏的迹象已超出预期。

行业政策往往最吸引普通投资者的眼球。需要注意的是这些因素往往来得快，去得也快，虽然有迹可循，却难以把握。投资者应把握时机，在应该介入的时机毫不犹豫地介入， 获利后迅速撤离。

二、把握大机会，进而买入

股市机会很多，如果错过了今天，还有明天的机会、后天的机会， "即使你错过了太阳， 还有月亮"，这也是平常所说的股市得失不在一朝一夕。然而，月亮与星星只是股市中的小机会而已，只有把握住大的机会，才可能给投资者带来巨额的收益。

一般来说，股市中大的机会通常与市盈率、贷款利率、经济周期等有很大的关联性，比如在经济周期的衰退期末，就是最佳的买入时机，因为股市反应往往要比经济运行快半拍。而且，股市中大的机会来临时很大程度上会导致股市爆炸式的上升，所以投资者一旦把握住一次大机会将胜过无数次小机会。

1. *价格收益比例衡量普通股的价格和每股年度收益的关系*

用每股的收益除以股票市场价的平均数。例如，普通股每股可分到 5 元收益，股票的平均价为 55 元，那么该股票的价格/收益比率就是 11 倍。如果市场对收益率的增长期望比较合理， 那么市场价格也比较合理。当价格/收益的比率比较高，比如在 20 倍以上时，市场就期待未来收益会大幅上涨，过高的预测很有可能不能实现，让投资者大失所望。而当价格/收益率的比率过低，比如在 10 倍以下时，市场也许对未来收益的增长过于悲观，但市盈率低于 10 倍却是投资的最佳时机。

2. *存贷款利率是否下调*

通常，如果投资规模不断膨胀，银行为强化宏观金融调控，就要采取紧缩的货币政策，结果不但会直接调高存贷款利率，而且将导致社会资金变成一种稀缺资源，形成通货膨胀。此时，股市中的资金为规避风险不断流入银行，进而导致股市的大调整，但随着宏观金融调控的逐渐到位，通货膨胀率会进一步降低，微观经济也将逐渐爬出低谷，这是放松银根的一个信号。市场各方会呼吁为减轻银行和企业的负担，宜调低利率。这时，投资者就应留心起来，将资金逐步投入股市。

3. 经济周期

经济周期与股市循环周期即牛市和熊市的交替出现有密切的关联，但有时又不完全一致，一般在两个不同周期内的不同阶段进行投资，有利于分散受同期因素影响而形成的投资风险。

4. 利用股价回调机会进行投资

任何股票价格的走势都不是直线上升或直线下降的，上升就必然有回调，下降就一定有反弹，关键是对时机的选择。当股价已经上涨，且后市确实看好时，就应待股价回调后迅速将资金投入；如果股价虽已经上涨，但后市难以预料，就应观望，不可急于投资。

5. 国家政策的影响

目前我国的证券市场在相当程度上受国家政策的调控，所以，一旦有良好的政策出台或重大的投资措施即将在短期内实施时，投资者进行投资是比较明智的选择。

选择最理想的买入时机

何时才是最理想的买入时机？这是投资者极为关心却难以用几句话可以回答的问题。因为市场是波动的，所以最理想也意味着不固定性。但是我们仍然可以从波动的股市中找到一些固定的规律，加以运用，选择最适合投资者的理想的买入时机。

一、在股权登记日之前买入

股份公司经营一段时间后（一般为一年），如果营运正常，产生了利润，就要向股东分配股息和红利。

分红派息尤其需要注意的是股权登记日。

公司董事会在决定分红派息时，会明确公布股权登记日。如果股票持有者在股权登记日之前没有登记过户，股票出售者的姓名仍保留在股东名册上，这样本期股息仍会按照规定分派给股票的出售者而不是现在的持有者。因此，购买了股票并不一定就能得到股息红利，只有在股权登记日以前到登记公司办理了登记过户手续，才能获取正常的股息红利收入。

因此，有中、长线投资计划的人，可趁短线投资者回吐的时候入市，既能买到一些相对廉价的股票，又能获取股息收入。至于具体在哪点买入，则是一个十分复杂的技巧问题。一般来讲，在截至客户过户期的 1~2 天可买到相对适宜价位的股票，但不能将这种情形绝对化。因为如果大家都看好某种股票，或者某种股票的股息十分诱人，也可能会出现"抢息"的现象，即越接近过户期，购买该种股票的投资者越多，股价的涨升幅度也就越大，新股民必须学会对具体情况做具体分析，以在分红派息期恰当地掌握好买入时机。

二、股价回档后买入

股市中，经常会出现一种因上涨速度过快而反转跌到某一价位的调整现象，这种现象称为回档。道琼斯理论认为，强势市场往往会回档 1/3，而弱势市场则通常会回档 2/3。一般来说，股票的回档幅度要比上涨幅度小。

股票在经过一段时间的连续上升之后，股票持有者可选择在回档后予以补进。

对于行情上涨过程中出现的回档整理期，投资者应根据股市发展的趋势，对股市回档进行预期，达到回档后能够及时买入。

三、买涨与买未涨的时机

买涨即通常所指的追涨卖跌的做法。这种做法，在大势反转向上及多头市场时大多能轻易获得利润。但是不利之处在于进出股市较为频繁，因而手续费的支出较高，一旦抢到最高价而不能出手，就会出现亏损，因而风险也较大。

买未涨是指投资者选择在股价处于尚未上涨时买入。这种投资者需要精于计算投资报酬率，更要注重发行公司的业绩和发展潜力。该种做法大多对个股进行过分析比较。投资者选择那些处于尚未上涨的股票作为投资对象的风险较小，一旦获利，利润也很可观。

以上两种方法各有利弊。买涨较具投机性，适合于一般的中短线操作；买未涨更适合于较为稳健的投资者中长线投资。这两种不同的买进，可供不同个性的投资者参考。

股市无定数，所谓最理想的买入时机也是相对而言，所有的投资者都希望买到最便宜的价格，但是市场的变化是不可逆的，我们应该利用时机，灵活地采取各种方法，在一个相对低的位置买入。

"民间股神"的买入秘籍

殷保华一直是中国民间一位备受争议的"股神"。自 2001 年开始，殷保华凭借江恩理论和看盘技术，先后 16 次准确预测了大盘的阶段性顶部与底部，令其名声大噪，受众人所追捧，"民间股神"的称号也由此得来。

这位神秘的民家股神曾受到众多媒体的采访，并且应数家企业邀请为中国股市的散户讲解股票买入技巧。经过多年的总结，殷保华的炒股经验已经成为了当今股市的经典传承，殷保华对股票买入节奏的把握可谓精准到了一定程度，现在我们就来领略一下这位民间股神的传奇秘诀，希望众多新股民可以从中获得灵感。

股氏定律：线上阴线买，买错也要买，线下阳线抛，抛错也要抛

股氏理论由四部分组成：第一部分，50%理论。若股票向下跌，第一波只是跌了50%，还得往下跌同样的高度；反之，向上突破创新高，必定要再涨50%。

第二部分，价值平均理论。该理论有两根重要的平均线：25日线和181周线。大盘或股票跌破25日线，股保华劝大家"有钱的去香港，没钱的去乡下"，不要再理会股市了。而大盘或股票跌到181周线之上，必有一波中级反弹；跌破181周线，再反抽到181周线，是最后的逃命机会。

第三部分，江恩八号线和底部三绝。江恩八号线由四根日线、四根周线组成；底部三绝是发现黑马的指标。

第四部分，即最新推出的箱体理论。该理论由9线组成，在任何一条线之上，该线是支撑位；在其之下则是压力位。其实，股保华曾经也是个无助的小散户，对股市的觉醒很晚，而且在刚入市时，他和中国千千万万的小股民一样，盲目、冲动、无助。

股保华炒股的秘诀：股市"七不买"：

（1）放天量过后的个股坚决不买。放天量一般是市场主力开始逃离的信号。如果投资者确实对放天量的股票感兴趣，也应该等一等，看一看，可以在放天量当天的收盘价上画一条直线，如果以后的价格碰到这条线，倒是可以考虑买进。

（2）暴涨过的个股坚决不买。如果个股行情像一根筷子，直冲上天，那表示庄家已经换筹走人，你再进去就会被套。暴涨是靠大资金推动的，当一只股票涨到了300%甚至更高，原来的市场主力抽身跑掉时，新的市场主力不会很快形成，通常不大会有大买盘马上接手，短期内价格难以上涨。

（3）大除权个股坚决不买。除权是市场主力逃离的另一个机会，比如一只股从3元被炒到20元，很少有人去接盘，但它10送10除权后只有10元，价格低了一半，给人们造成了价格低的错觉，人们恰恰喜欢贪便宜买低价，一旦散户进场接盘，市场主力却逃得干干净净。如果大除权后又遇到天量，更是坚决不能碰。

（4）有大问题的个股坚决不买。受管理层严肃处理的先不进去，先观望一下再说，比如银广夏、科龙电器等。问题股如果出现大幅上涨，则可以肯定地认为是机构在炒作。但是，这些股票或者面临监管，或者会出现资金链断裂，风险巨大，散户股民驾驭不了，不值得去冒险。

（5）长期盘整的个股坚决不买。这样的股票一般是庄家已经撤庄，但还没有把筹码全部拿走。看个股要看连续的走势，长期盘整上下不大的不能买入。

（6）利好公开的股票坚决不买。这是目前投资者最易走入的一个误区。业绩就算好得不能再好，全中国股民都能看到并全部买进，谁能赚钱呢？何况业绩是可以人造的。市场上有这样一句名言："谁都知道的好消息，绝对不是好消息；谁都知道的利空，绝对不是利空；利空出尽就是利好，利好放出可能大跌。"

（7）基金重仓的个股坚决不买。因为基金账户不能隐瞒，一季度公布一次。基金不坐庄，有盈利就跑。当然这个理论有时间性，在熊市里面最明显。牛市一般可以忽略不计，牛市个股普涨，基金不会抛售。熊市里基金溜之大吉，散户全部被套，所以熊市时基金重仓坚决不要买。

殷保华的"七不买定律"也曾遭受过一些人的质疑，但是对于新股民而言，这七大戒律绝对是确保我们减少损失的重要戒条。成为股神是每位股民的梦想，无论是如同巴菲特一样的世界股神，还是像殷保华一般的民间股神，两者之间都拥有着独特的股市见解，而且两者均从股市中获得了巨大的利益。

作为新股民，我们成长到这一高度或许还需要一定的时间，我们需要发现的是这些前辈为我们指点出的捷径，只有站在巨人的肩膀上，我们才能够看得更远，收获更多。

第十七章　新股民常用的买入方法

　　无论多么精明的投资人，都不免会做出错误的决策，导致买进的时机不对。因此，有经验的股票投资者都必定会摒弃赌徒心理，讲求买入的方法。新股民需要学会在适当的时机用适当的方法买入股票，为盈利提供保证。以下介绍几种股市中常用的买入方法。

股票买入的基本法则

　　新股民买股票最好的方式是什么？绝对不是如何在股市中投机取巧。那些怀揣凭借幸运女神眷顾一夜暴富幻想的股民往往第一个成为了股市的失败者。我们选择股票的原则十分简单，即低价买进，高价卖出。然而我们并不知买入的这一刻过后，随后股票的变化究竟是低价还是高价，从而导致很多股民无法选找到最佳的买入时机。

　　事实上，新股民买股票也有基本的法则，新股民通过对这些法则的了解，来规避各种股票的错误买入方式以及买入时机。

一、股票买入前的基本法则

　　股票买入的基本规则虽然不是我们获利的主要方式，但确是减少我们炒股过程中各种损失的最大保障。

　　1. 有目的地买入

　　所谓有目的地买入并非单纯指选择某种股票，我们也可以把价格当作目的，设定好买入的价格，制订好买入的计划。即当我们看中几种股票不知道如何出手时，我们需要设定一个价格界线，当其中一只股票符合这一价格要求时我们再进行购买。

这种股票买入的方式是为了制订符合新股民个人资金实力、风险承受能力，以及股市变化的周期投资计划，制订了类似的买入计划后，我们的投资计划才不会盲目，我们才不会承担莫名的风险。

2. 保守方式买入

所谓保守方式买入是指当我们对所购买的股票未能百分之百分析透彻，但是又可以确定短期内不会出现下跌趋势的情况下，少量多次购买股票，以时刻观察股市行情的变动，将风险降至最低。

3. 把握外界时机买入

当代股市中流传这样一句话——外界的天灾造就了股市的机遇。每当外界出现灾害事件后，股市都会随之动荡，因为各种自然灾害导致很多企业的生产经营遭受严重破坏，从而影响到日后发展，这就造成了股市内很多公司的股价下跌。这种情况下，一些大型企业的股价虽然出现下跌，但对其不会产生根本影响，而且在一定时间后股价很有可能会得到恢复，所以说这时是很多新股民出手的时机，在帮助这些大企业融资抵抗灾难的同时，我们也可以把握住机遇从中获得利益。

4. 选择具有投资价值的股票买入

很多新股民或许多对这种股票的买入方式缺乏足够的了解，有些新股民认为大多投资性质的股票风险性较大，因为购买的时机往往不是股价的最低点，而且很容易被套牢，但是我们可以通过简单的计算得出，这类股票即使被套牢，坐等分取的股息红利也能和储蓄或其他的债券投资收益相当，因此，对于拥有投资目的的股民，不妨选择买入这种股票。

5. 选择高品质的股票

所谓高品质股票并非一定指龙头股，而是指性价比相对较高、风险较小，且成交量较大的股票。这种股票虽然变动相对频繁，但是变动幅度一般不会太大，所以我们需要通过对这类股票进行及时的分析，然后计算出低价格区间，在这一区间内买入，然后在高区间卖出即可。

　　6. 选择涨势持续的股票

　　对于追涨而言，很多新股民无法准确把握，尤其在一些股票已经涨到一定程度后，很多新股民开始担忧，是否该出现下跌的趋势了。其实追涨是一种顺势操作的炒股方法，这种方式与单纯的跟风有本质区别，追涨是有策略、有根据地跟随，而不是盲目地跟风。

　　选择追涨方式买入股票我们可以根据一定的策略进行：

　　1. 追强势股、龙头股

　　追涨一般而言首先排除的应该是一些变动平凡、不容易预估风险的股票。首先选择的应该是强势股、龙头股，因为这些企业具有雄厚的实力，对抗风险的能力也高于其他企业。所以当这些企业呈现涨势时我们可以选择跟涨，因为即便出现变动也必然在自己的承受范围内，且这些企业的涨势一般可以持续更长的时间。

　　2. 追涨停股

　　这里的涨停股并不是指所有的涨停股，而是持续一段上涨趋势后的涨停股。很多黑马出现的过程在最初是不容易被人发现的，而很多人虽然看到了黑马的出现，然而在黑马中获益的人却寥寥无几。

　　究其主要原因，在于黑马的涨势并非持续增长，而是有涨有停，这就让很多人忽略了黑马的存在。所以说，我们需要善于发现这些涨势持久但是阶段性涨停的股票，并可以根据上涨趋势进行买入，从而确保自己从中获利。

　　3. 追突破股

　　相信所有股民都明白追涨的过程中有很多未知的风险，这就导致了很多股民在这一过程中付出了惨痛的代价，事实上多数人失败正是由于贪欲过大，未能及时遵守股市的各项规则。

　　以突破股为例，当个股股价突破前期价格高点，解套盘没有使股价回落往往意味着股价已经打开上行空间，在阻力大幅度减少的情况下，比较容易出现强劲上升行情。这时候进行买入的股民不在少数，我们也承认这只股票表现出的潜力，但是股市的变化是瞬息万变的，当我们买入这只股票后首先应该思考的是卖出的时机，而不是继续全身心计算其上涨的趋势，如果我们不能在第一时间预知风险，那么突破股也会让我们遭受重大的损失。

二、股票买入后的基本法则

股票买入后，我们往往会表现出一种浮躁、自以为是的心理。

这种浮躁一般分为两种表现，一种是过于胆小的浮躁，不仅输不起，而且还赢不起，有了一点账面利润就心慌起来，非要卖掉才心安；另一种是过于胆大的浮躁，不分时机，凡股皆抢，不论价位，生怕错过每一次赚钱的机会。而有意思的是，这两种截然相反的浮躁，有时竟会出现在同一位投资人身上。

有这样一位股友，当初投资上海股票，在 460 元价位买入一只国字系的股票，到 500 元出头就慌忙出手。后来又踏入深圳股市，以 16 元买进某股，24 元不到又卖掉了。有人弄不明白：你一天到晚奔来奔去忙个啥？他坦露心迹："股票这东西害死人！套牢、亏本会害怕，赚了钞票也会害怕，而且还会害怕得更厉害点。每天等行情就像等宣判一样，今天不知明天事。想来想去，赚一点已是蛮好了。"应该说，在这一阶段，这位投资人还是十分胆小怕变的。但后来不知怎的，他却变得大胆起来，股市全面放价那天即冲进去，以 280 元价位一口吃进某只能源股，加上他原有的 30 股，共计 200 股。第二天，收盘价升到 287 元，有朋友告诉他要想稳妥点的话，周一可抛了。他竟反问道："这么急干啥？我想蹿到 400 元是没问题的。做股票胆子不能太小，我过去就是吃胆小的亏，否则早就像别人一样，几十万元赚到了。这次一定要好好捞他一把。"

没想到当初因胆小坏事，这次却因胆大坏事。周二股市全面回落，本来一次赚钱的动作，却因贪心而变成了赔钱。虽说这种赔钱只是暂时的，但把赢面变成了输账，总是一件不怎么愉快的事。那么，究竟是什么原因促使他由胆小变得胆大了呢？

首先是自我感觉上的变化。刚买入股票时，由于他自认为是位新手，对市场感到十分陌生，类似于走进一家从未走进的黑屋，吃不准里面到底有些什么东西，会有何种变故，又常听人说股市风险莫测，因此有点害怕，能够安全回来已是上上大吉了，更何况还捞了一票。但几次探路之后，感到股市不过如此，自觉有了了解，这种因陌生而产生的恐惧感也就逐渐消失了。这是从胆小到胆大的基本原因。

其次是比较基准的变化。刚买入股票时，投资者总习惯于以自己的过去作为比较基准，因此对钱的多少认识起点较低。平时只有千来元的月收入，而股市中短短几天就可获得高的收益，无疑已是暴发了，喜出望外的心情和要保住这笔难得的意外之财的心情都会使投资者躁动不安，产生尽快收手的念头。即使作横向比较，大多也局限于同自己经常相处的、生活境地差不多的人。而随着赢面的扩大，原先喜出望外的兴头就会减弱乃至消失，眼界会越来越高。同时，经常与股市中人接触，满耳听到的都是赚了多少多少万元，眼里看到的都是人家出手就是十万元、几十万元、对钱的多少概念也就发生了变化，以千计算已属小儿科，赚到万字头上也只是小鱼一条，小虾几只。这时，如投资人不善自持，不能合理选择参照系，欲望便会无限膨胀，过去的谨小慎微就会变作极度的懊恼，一种不愿再错失机会、尽快迎头赶上的念头便会像烈火一样炙烤自己的内心，使自己变得浮躁，变得贪心。纵观股市，大凡从胆小到胆大的投资者，几乎都是沿着这个心理轨迹演变过来的，这几乎已成了新兴股市中投资者从不成熟到成熟过程中一个不可逾越的阶段。

对股票的买入是不能浮躁的，胆小的浮躁会失利，胆大的浮躁会亏本，相比之下，后者的危害性更大。要克服这种浮躁现象，需要遵守一定的基本规则，这对于短线投资格外重要。

1. 减少买入股票数目的一半

如果我们每次买入 2000 股，就减到 1000 股。事实上，很多人恰恰做得相反，因为已经经过了一连串的获利，往往会更加自信地提高交易的数目，增加赌博的筹码。但是如果我们这样做只会使以往获得的一系列胜利以失败告终。往往赌桌上的人就是为小筹码获利，而为大筹码损失而懊悔。

2. 减少买入的频率

如果一天交易 6 次，就改为一天交易 3 次，这种方式适合当我们已经预感到运气即将改变，不会再顺风顺水的时候。如果我们经过思考后判断出还有进一步获利的可能，那么最好采取第一种方法，因为人的确有时候是要走运就一直会走运，我们不是要阻止或减缓你进一步获利的权利。

提示：第一条规则使用的最好时机是你在连续 4~5 次获利的交易后；第二条规则最好在连续获利又连续遭到 2 次损失后使用。

不过，有些散户不能正确地摆正自己的位置，往往对利润的追求过于贪婪，以致在炒股的过程充满了压力。而一旦招来损失时，心中便充满了痛苦。要摆脱痛苦，就必须遵守一定的股票买入基本规则，这样才能在股市中赚到钱。

股票的买入看似毫无规律可循，但事实上任何股票的变化都是由概率计算得出的，或许作为新股民的我们还不能练就强烈的第六感，那么就请我们谨慎遵循股市中的各种基本法则，稳步发展才是在股市中长久生存的最好方式。

一次性买入法

一次性买入法，顾名思义就是将全部资金一次性买入预期会上涨的股票。应用该方法一旦按照预期大幅上涨，利润将很可观。可是如果预测失误，这种方法存在的风险相对就较大。这种做法比较适合手中现有资金少，资金不宜于分散的投资者使用。投资者选用一次性买入的方法前应参考以下的规则：

（1）必须在股价的相对低位时使用。

（2）必须在大盘低位时或是在刚整理结束向上启动时使用。

（3）必须在市场行情暴涨，没有回调趋势时使用。

（4）必须在购买基本面好，有业绩支撑的股票前提下使用。

总之，选择以单笔方式将资金一次性地投入的投资者，必须注意买卖的时点。如果能够充分掌握股票上涨的时机和低买高卖的原则，就会有丰厚的获利。不过如果投资时点不佳，发生亏损的可能性也会很大。

分段买高法

分段买高法是一种较为稳健的操作方法。分段买高法是投资者为了减少风险而分段逐步买进某只上涨股票的投资策略，股票价格波动很快，其行情走势对于一般投资者也很难准确把握，如果投资者将全部资金一次性投入来买进某只预计会上涨的股票，那么当该只股票确实大幅上涨时，变现后就能赚取丰厚的利润；但一旦预测失误，股价不是上涨而是反转下跌时，投资者将蒙受较大的损失。因此，分段买高法比较适合进行中、长线的股票投资。分段买入的基本方法是：

（1）该股票在某一价位时首先买入第一批。

（2）在股价上升到另一价位时再买入第二批。

（3）依次类推，再分别买入第三批、第四批等。

例如，某投资者预计某只每股 20 元的股票的价格会上涨，但又怕承担过大风险，而不愿将 10000 元全部资金都投入，故而采用了分段买高法的投资技巧。即先用 2000 元买进第一批 100 股该只股票，等到股价涨到每股 22 元时，买进第二个 100 股，当上涨到每股 24 元时再买进第三个 100 股。

在买入过程中，如果出现股价下跌，投资者可立即停止投入。同时，也可以根据实际情况卖出已购股票，以补偿或部分补偿因股价下跌而带来的损失。分段买入法的优点是有效降低风险，当然也存在减少投资收益的不利之处。如果股市行情一直看涨，此时采用一次性买入方法会比分段买入法收获更多。

加码买进摊平法

加码买进摊平法是投资者所购股票被高档套牢后随着跌势在下档加码买进时以便匀低成本的操作方法。其目的是降低单位平均购股成本，使投资者在股价反弹中获利。采用加码买进摊平的前提是，整个经济发展前景乐观，所持股票实质条件没发生变化。

加码买进摊平法主要有两种方式：

第一种方式是平均加码摊平法。指当所购股票被高档套牢后，待其股价跌到一定程度，再照原来所持股数加码买进，以达到匀低成本的目的。采用此种加码摊平方式，如若股价一日回升一半，则可保本，如若回升一半以上，即可获利。例如，投资者以每股 20 元的价格买进某只股票 1000 股以后，股价出现急速跌落。当跌至每股 16 元时，再加码买进 1000 股，这样当该股回升至每股 18 元时，即可够本，超过 18 元则可获利。

第二种方式是倍数加码摊平法。它指的是在股价跌落后，加倍或加数倍买进原先已持有的股票，以达到匀低成本的目的。如原来投资者以每股 20 元的价格买进 1000 股，当其价格跌至 16 元时，再买进 2000 股（即为原来股票的 2 倍），则其平均成本就降为每股 17.34 元，将来股价回升超过 17.34 元以后，即可获利。

由此可见，采用加码买进摊平法时，如果在下档摊平中加码买进越多，可使上档套牢成本降得越低。但是由于股票的底部难以确定，该方法成为一种扩大亏损的被动操作法。因此操作中最重要的是要由较正确的判断做基础。

黄金分割法

黄金分割率我们都很熟悉，属于一种数学规律。股市中的黄金分割法正是源自黄金分割率，是计算强阻力位或强支撑位的一种方法，人们认为这些与黄金分割率有关，可用这些数字来预判点位。

一、"顶"的判断

股价上升行情中，脱离低档，依照黄金分割率，它的涨势会在上涨幅度接近或达到 0.382 与 0.618 时容易出现反压，有反转下跌而结束一段上升行情的可能。

当上升行情展开时，要预测股价上升的能力与可能反转的价位时，可将前股价行情下跌的最低点乘以 0.382 或 0.618 作为可能上升的幅度的预测。当股价上涨幅度越过 1 倍时，其反压点则以 1.382 或 1.618 的 2 倍进行计算得出。

例如：当下跌行情结束前，某股的最低价为 10 元，那么，股价反转上升时，投资人可以预先计算出各种不同情况下的反压价位，也就是：$10 \times (1 + 0.382) = 13.82$ 元或 $10 \times (1 + 0.618) = 16.18$ 元。然后，再依照实际股价变动情形做斟酌。

二、"底"的判断

股价下跌行情中，脱离高档，依照黄金分割率，它的跌势也会在下跌幅度接近或达到 0.382 与 0.618 时容易出现支撑，有反转上升而结束下跌行情的可能。计算方法与上升行情的黄金分割率公式相同。

例如：上升行情结束前，某股最高价为 20 元，那么，股价反转下跌时，投资人可以计算出各种不同的支撑价位，也就是 $20 \times (1 - 0.382) = 12.36$ 元或者是 $20 \times (1 - 0.618) = 7.64$ 元。

需要注意的是，黄金分割法不适用于某些极易出现暴涨暴跌的股票，刻板地使用黄金分割法会降低准确性。

无论用黄金分割还是其他的方法计算价格，每种方法都是一个参考，不会百分之百地正确。对于炒股者来说，无论采用什么方法，挣钱才是硬道理。新股民需要找到适合自己的买入方法。

第十八章　新股民买入操作要点

古人云："巧者劳而智者忧，无能者无所求。"其中的"无能"是自忘其能，心无挂碍的意思，本是好事但也可能绑缚人，让人为其所累。这番话是对修行者而言，对于投资者也同样具有借鉴意义，无论做任何事，心态往往会影响人的判断与抉择。

其实，作为一个新股民，本身就不需要存在任何的压力，既无利润计划，也无还款压力。不能因为股市而影响生活，也不要把股市当作负担；不要对股市寄予过高的期望，也不能对行情总是缺乏耐心。

在股市中，作为普通投资者，不可能改变环境，唯一的出路就是改变自己。

忘记虚幻的目标

中小散户究竟是多花钱买入有较强竞争优势的公司的股票，还是少花钱去发掘有潜力的成长股，或是一朝咸鱼翻身的垃圾股？买入有竞争优势的公司股票的重要性有多大？

许多股民买入股票时抱有这样的心态，认为凭自己的眼光能发现下一个可口可乐、下一个微软、下一个 IBM，从投资成长股而获得巨额收益。其实，正确的做法是关注股价已低于估值的可靠的公司，购买有投资价值的绩优股，而不是盲目购买垃圾股。就像择偶一样，婚前一定要擦亮眼睛，找到适合自己的伴侣，而不是盲目地嫁人，妄图婚后把对方改造成适合你的，因为这种行为成功的概率微乎其微。同理，如果眼光还是停留在垃圾股上，换句话说，投资建立在虚幻的目标上，必然会导致投资充满风险。例如，股价如果下跌 50%，要想盈利，只有股价翻倍才行。

一家公司刚刚起步时，想要预言它是否会快速成长是相当困难的。因为它很可能和真实世界中一家多变的公司一样以失败告终，炒股人也会因此而蒙受损失。

小的成长股是经过长期持有之后收益最差的那类股票。达特茅斯大学肯尼思·弗伦奇教授经过研究发现，从 1927 年起，持有小公司股票的年平均收益率是 9.3%，同期大公司股票价值的标准普尔 500 指数的平均年收益率是 10.7%，这两个收益率之间是 1.4% 的差值。如果用 1000 美元投资，按年收益率 9.3% 计算，持有 30 年其收益是 1.4 万美元；按年收益率是 10.7%，持有 30 年其收益将达到 2.1 万美元。

此外，很多小公司除了挥霍资金之外，没有任何其他经营业绩，最终会走向破产。例如，1997~2002 年，纳斯达克每年有 8% 的公司被终止上市，大约 2200 家公司的股东因此遭受了巨大的损失。

投资与打网球有相似之处，需要尽力避免最一般的错误，否则不可能获得投资回报。

许多刚入股市的投资者自认为可以看懂股市的变换规律，想到市场上去发掘出别人没发现的，唯有自己独具慧眼，可以发现好公司好股票，结果却总是失败。虽然很多证券专业人士在各种场合一再提醒投资者："不要买入垃圾股，不要买题材股、概念股，要选择有投资价值的绩优股。"但是大多数散户股民却仍在犯此类错误，买入垃圾股的大多是新进股市、什么都不懂就开始操作的投资者。他们有的是因为盲目跟风，有的是贪图垃圾股的便宜，有的则是想刀口舔血冒险投机。事实上，这样获得成功的炒股人士是很少的，因为在这个世界上垃圾变黄金的概率极小，何况即使能变黄金，也不是因为资产注入了就立刻可以变成的。企业经营是很复杂的，很难说重组后业绩就会一飞冲天。市场上不缺少聪明人，也几乎不存在需要所有人都能去发掘的金子，既然如此，我们就该选择绝大多数人认同的股票。有的股民不买绩优股的理由或许是"价格高了点"——好东西当然不便宜，比如茅台；或许是"公司是好公司，可是股性不活跃"，股价不活跃有什么关系，重要的是好公司，比如曾经的万科、招行，价格总有一天会反映公司的实力的。最重要的是你要选择股票价格低于公司价值的股票。

垃圾股的宿命终将是一蹶不振，而不会一蹴而就，广大中小散户股民观念的改变只会在不断的受挫中逐步产生。越早看清，遭受的损失就会越小，再次重复提醒一下，希望广大中小散户股民能少遭受垃圾股的烦恼。

千里马常有，而伯乐不常有；垃圾股常有，而能够获得较大收益的增产垃圾股不常有。新股民需要记住的是：垃圾股不一定会成为成长股，小的成长股也许到头来并没有你所期望的收益。如果你没有一双雾里看花的眼睛，还是留在远处，不要靠近，否则最终定会让你大大地失望。

不要手持多只股票

对于股市的投资者而言，是手持多种股票好还是选择几只股票进行攻防，是每一个股民买入时都会考虑到的问题，实际上，对于股票数量的选择，取决于股民自身的能力，以及愿意承担多大的风险，有些误导股民的观点武断地认为，如果想获取高收益，持股应当以 10 种以上最佳，而手中闲散资金较大的，可以选持 20 种股票。理由是如果这样做，即便是选股失误，也不至于全军覆没。

按照这种分析方法，从表面上看，假设某股民购买 20 种股票，那么进行资金风险分配的话，每只股票占了 5% 的风险。听起来，是不是很保险？是不是风险比较低的投资组合？

但是，我们将这种理论的风险分配放入股市实际操作中来看看是否可行，实践是检验真理的唯一标准，这是铁一般的定律，如果只能纸上谈兵，那么肯定是不能实施的。

假设一个人有 6 万元，每 1 万元买其中的一只股票，6 万元买 6 只股票，为了清晰地展现，假设在理想的和不受市场因素干扰的情况下，表现如表18-1所示。

表 18-1 理想情况下各股表现

	本金（万元）	买入价（元）	当前市值（元）	亏损/盈利（元）
A 股	1	1	0.4	0.6
B 股	1	1	0.5	0.5
C 股	1	1	0.6	0.4
D 股	1	1	1.6	+0.6
E 股	1	1	1.5	+0.5
F 股	1	1	1.4	+0.4

这样看来，是不是还是觉得这种方法比较保险？这个亏了可那个赚了，不可能全部都跌吧，说不定还能全部大涨一番然后大赚一笔，但是，有没有发现一个严重的问题，后来的盈利根本无法避免之前的亏损，也就是说，后面的盈利都补贴之前的亏损去了！

股市的操作中，不可能出现这样刚刚好的互补类型的操作方式，往往是多数盈利少数亏损，或者多数亏损少数盈利，如果是前者，投资者自然感到窃喜，除了补贴了亏损，说不定还能小赚点呢！可是假如是后者呢？股民在面对这种情况时，又应当如何做呢？有以下几点建议：

（1）了解市场的风险，这句话一直为广大股民所熟知，然而，面对着股市上下翻动的数字之后，相当一部分股民往往无法保持平和的心态，容易被市场所迷惑。

（2）手持多只股票必须量力而行，一般来说，手中掌握 3 只股票是最有利的，当然，没有绝对，只有相对。但是股民必须根据自己的情况、能力以及资金进行合理安排，千万不可盲目投资。

（3）手持多只股票时，每一只股票的背景也就不尽相同，股民必须保持清晰而理性的头脑，对股票进行合理的规划，不能将股票进行统一安排，必须具体情况具体分析。

2007 年年底以后的股市一直到如今，大小非解禁，印花税降低，股市仿若"晴雨表"，今天红了明天绿了，股票的价格起起伏伏，如同中国南方的六月天，说变就变，投资者介入股市，就必然要面对市场的风险打击。

手里抓一个糖果，相信我们都能牢牢地握住，那么抓两个、三个呢？也可以吧？但是抓一把呢？这时，肯定会有人犹豫，一把糖果是多大？没有概念的，手大的人和手小的人，是不是也要考虑？如果把这个问题思考得更细致点？糖果的大小形状是不是也要考虑？

股市也是这样，对千变万化的股市，我们终其一生也是无法研究透彻的，因为任何人都无法预测明天的信息，而明天的信息往往又是对股民的今天有着极大的前沿性的预测，一只股票价格的起伏如同抓糖果一样，两个也可以，三个也可以，多了呢？物极必反，要逐一了解的话，不仅不容易实现，而且也会觉得不胜其烦，烦躁的心情会影响判断力的发挥。对于买入时所持股票的数量，一定要量力而行，过多的股票握在手中，会让股民顾头不顾尾！

第五篇

如何运用资金与投资组合

第十九章　投资分析

投资分析的意思是说我们不仅要认真选择股票，仔细选择买入的时机，而且还要根据形势对所持有的资金进行合理的安排。尤其是新股民，要知道并不是任何时候都可以买到适合自己的股票的，这时的关键就是要把握好资金管理，进行合理的投资分析。例如，资金的使用量可以伴随收益与风险的比例的增大而增加，相反，可减少投入资金；或者当股市行情上涨时增加持股量，而在股市行情下跌时减少持股量。总之，通过合理的资金管理，不仅可以增加获取收益的概率，而且可以减少不必要的损失。

制订投资计划

投资者制订合理的个人投资计划，便可获得较为丰厚的回报。但制订计划之前一定要考虑如下因素：

一、资金来源的稳定性

投资者有一定数量、来源稳定的资金，是制订投资计划的前提。当投资者投资成长性股票时，一定要考虑个人收入的高低和资金的稳定性。在投资前要预算除了必要的开支和预留的资金外，还能剩余多少用于投资。如果已经积累了一定数目的资金，并且每月拥有可观的收入，就可以制订一个定期的投资计划，日积月累，定有回报。

二、时间的利用以及获得信息的渠道

投资者在进行投资时应该考虑是否具备投资时间和精力。与此同时，还要考虑是否拥有获得投资信息的渠道。如果各项条件都不具备，就不应该选择价格波动较大的短线投资，而应该选择成长性较好的长线投资。

三、投资收益的依赖性

如果家庭经济负担较重，每月的收入仅能维持日常生活开支，希望投资债券获利，在制订投资计划时首选的应该是风险较小的国债；如家庭条件优越，有充足的资金来源，则可选择成长性较好的股票投资。

四、知识的掌握和投资经验

投资者对投资知识、投资方法的掌握，以及在投资的过程中擅长何种投资操作都会对投资计划的制订提供帮助。

对于股票投资，如果选择自己熟悉的投资项目、行业或上市公司，并运用自己的专业知识、丰富的经验以及自己掌握的方法操作，是投资稳定成功、安全获益的有利因素，对投资成功具有很大帮助。

五、多种形式的投资

投资的收益与风险并存，收益越高风险越大。好的投资计划可以使投资者最大程度地提高收益，躲避风险。

在股票市场中，投资者很难预测出每种股票的价格走势，如果把全部的资金投入到一只股票中，一旦判断失误，将会造成重大损失。如果选择不同性质的行业、不同地域、不同循环周期的股票，就会相应降低投资风险。

六、对投资机遇的把握

每一只股票的价格都脱离不开发行公司本身经营状况的变化，从长期来看，投资者应收集有关信息，在各阶段注意应变。如果投资者有足够的知识和充分的时间，还应经常注意股市动态，以便当机立断。

股票投资的四个阶段

大多数人进入股市都想尽快成为投资高手。他们认为通过几个月或一年的看盘，研究股市走势图就会学到一些技术面和基本面的分析方法，便可以在股市盈利。但实际上走向股市高手的路坎坷不平，一个初入股市的投资者想要成为一名高手，必须要经历以下四个阶段：

一、初入股市阶段

大多数投资者在初入股市时对股市知识知之甚少，虽看过几本有关股市的书，却对实战知识与方法的运用了解甚微。他们进入股市的动因大多是因为周围的亲朋好友在股市赚了钱，自己也想进入股市搏一下。

如果行情正处于热络时期，几次操作下来可能小有收获。于是，他们认为对股市实战毫无经验居然还能赚钱，便信心倍增，再无顾虑地进入股市。这是投资者初入股市普遍的做法。

然而，初入股市阶段却是极可能向危险和损失靠近的非常时期，投资者通常处于一种懵懂无知、无意识、无能力的状态。例如，见到一点点收益就马上抛出，出现一点点亏损就赶快逃跑。

在他们的心中往往充满了恐惧感。所以初入股市，投资者有太多的东西需要学习，可以虚心向较熟悉股市的投资者请教，请他们推荐股票并提供买卖的意见，而且自己要小心行事，用少量资金进行试探投资。

二、贪婪阶段

贪婪阶段是指投资者在安全度过初入股市阶段后，尝到了股市轻松赚钱的甜头，于是加大资金投入量，欲在股市赚更多的钱。

此阶段的投资者往往希望一夜暴富，把身家性命全部投在股票上，甚至亏了不仅不跑，反而不断地"补仓"。

但是，天有不测风云，人有旦夕祸福。如果投资者大量买进股票时正好是股市进入顶部的疯狂时期，其后股价大幅回落，又由于缺少风险意识且不懂得止损，所买股票全线套牢，这时才开始反思自己为什么会在股市失利。几乎一半以上的人都在这个阶段无法逾越。心态不好的现象也是在这个阶段暴露出来的。

三、似懂非懂阶段

经过贪婪阶段的反思，投资者认为前段时间自己赚得糊涂也亏得糊涂，根本原因还是缺乏对股市分析的知识，于是购买有关股市技术面和基本面的书籍进行学习。

通过学习技术、实践磨炼、总结经验，在技术上已经有了相对可靠的分析方法，在交易上也有了可靠的应对操作系统，还可以对上涨和下跌基本面和技术面的原因进行分析。其认为掌握了股市分析技术后便可以赚大钱，于是将自己借来的钱全部投入其中。

但是股市变化较快，投资者在原来不懂操作时亏了一点，而懂了少许的操作后又亏得更多，原因在于在此阶段他们只是掌握了一些股市的基本操作，缺乏综合分析的能力，并时常被假突破和骗线所迷惑，继而造成重大损失。

四、成熟阶段

经过数次失败之后，大多数的投资者会淡出股市。但真正的投资高手会进行更全面、更深入的学习，并且股市在经过长期大幅下跌后，往往也会迎来一波大的上升行情。于是不再强调"百战百胜"，而是用平和的心态处之。

在此阶段，投资者各方面均走向成熟阶段，进步也更加快速。因为具有利润和好行情的支持，可以运用更多的资源提高自己的成绩，完善交易系统。

短线形式下的投资

短线投资指进入股市的时间较短，一般在两个星期以内，有的甚至在当天买进当天卖出，其目的是获取投资差价。

短线投资的本质是为了获得短线利润，并规避长期持股中的风险。但在目前 T+1 交易制度下，短线投资已经具有了一定的束缚性。如股票一旦买进，遇到风险当日不得卖出，因此短线投资者将买入时间选择在收盘前 15 分钟，如果此时段内不跌，在第二天任何时间可随时卖出。买入股票的时间是技术指标发出的买入信号，卖出股票的时间是止损位和止盈位。

短线投资是一种投机行为，投资者应该根据自己的资金状况制定投资决策。对于做短线的投资者来说，公司业绩的好坏、市盈率的高低并不是投资考虑的重点，重要的是股价是否有相当幅度的频繁涨落，从而有利可图。

一般情况下，受经济周期影响较大的公司发行的股票，所支付的股息较高，但承担的风险也较大，是短线投资的优良对象。

一、大多数投资者选择短线投资，主要因为其具有以下投资优势

（1）持股时间短，一般在 3~5 天。大多数人认为股票换手率太频繁是危险的，但为了避免失误而接受一系列的小亏损，其结果是高换手率减低了风险。

（2）获利立竿见影，免去漫长等待，资本快速增值。

（3）不放过任何一次获利机会，机会成本较低。

二、在行情强势情况下，短线投资的方法如下

（1）如果今日以阳线收盘，并且收盘价高于昨日，那么明日的投资操作方法为：

1）以今日的收盘价挂买一，低于收盘价 2 个点挂买二，低于收盘价 4 个点挂买三。

2）以高于今日收盘价 4 个点挂卖一抵消，以高于今日收盘价 6 个点挂卖二抵消，以高于今日收盘价 8 个点挂卖三抵消。

（2）如果今日以阴线收盘，并且收盘价低于昨日，那么明日的投资操作方法为：

1）以低于今日收盘价 2 个点挂买一，低于收盘价 4 个点挂买二，低于收盘价 6 个点挂买三。

2）以高于今日收盘价 2 个点挂卖一抵消，以高于今日收盘价 4 个点挂卖二抵消，以高于今日收盘价 6 个点挂卖三抵消。

三、在行情弱势情况下，短线投资的方法如下

（1）如果今日收阴线，并且今日的收盘价低于昨日的收盘价，那么明日的操作方法如下：

1）以今日的收盘价挂卖一，低于收盘价 2 个点挂卖二，低于收盘价 4 个点挂卖三。

2）以低于今日收盘价 4 个点挂买一抵消，以低于今日收盘价 6 个点挂买二抵消，以低于今日收盘价 8 个点挂买三抵消。

（2）如果今日收阳线，并且今日的收盘价高于昨日的收盘价，那么明日的操作方法如下：

1）以高于今日收盘价 2 个点挂卖一，高于收盘价 4 个点挂卖二，高于收盘价 6 个点挂卖三。

2）以低于今日收盘价 2 个点挂买一抵消，以低于今日收盘价 4 个点挂买二抵消，以低于今日收盘价 6 个点挂买三抵消。

长线形式下的投资

长线投资，是指进入股市的时间较长，一般在 3 个月到半年，最多一年之间。

运用基本面的分析方法进行股票的选择，是正确的长线投资方法。但是大多数投资者在进行股票交易时，并未分清投资的长短，只要盈利就可。此种投资方法也说明了投资者缺乏基本的操作策略，大多数情况下短线盈利，长线被套。

当一轮较大的行情结束之后，长线投资者往往都会获得丰厚的利润。但是，做长线投资一定要做好准备，以防在投资的过程中遭遇风险。

一、长线需要做出的准备如下

（1）长线投资要忍受投资期间股价大幅震荡的折磨，要忍受原本已经取得的账面盈利后又被阶段性缩减的痛苦。例如，在市场行情极度低迷或疯狂动荡时，长线投资者需要保持清醒的头脑，并且要时刻遵守长线投资的策略。

（2）长线投资在行情运行过程中，要放弃很多其他有把握的投资机会，并且要忍受其他个股轮番上涨的诱惑与刺激。例如，在一个波段上升区间，当别的投资者享受着盈利的快乐时，长线投资者可能要经受阶段性亏损的打击，同时还要经受市场上各种噪声的干扰，必须长时间按捺不动。

长线投资的成功是所有人向往的，但在此期间的艰辛又是很少人能够做到的。正因为如此，股市中存在着很多为券商卖力的"打工者"。

二、长线投资的技巧

1. 长线投资要是非分明

有的投资者认为长线投资就是在股价低时逢低买进，然后长线持有就一定能获利。其实，股票的质地也非常重要，如果对个股的基本面没有经过充分的分析研究，不管个股是否具有上升潜力，随便抓只股票就进行长线投资，极有可能没有收获，甚至亏损。

2. 长线投资要满腔热忱

有些投资者认为长线投资就像银行存款那样，买了股票之后不闻不问，指望闭着眼发大财。这简直无异于掩耳盗铃。

3. 长线投资要有具体的操作计划

例如，1996年2月，四川长虹以20元（复权）的价格刚刚启动的时候，王先生就看中了这只股票，但他并没有急于下手。经过分析，王先生得知长虹的走势与当时中国家电行业的复苏和发展是同步的，于是制订了具体的操作计划。1998年2月，四川长虹上涨到320元（复权），两年时间翻了16倍，而王先生由于操作计划详细、周密，也赚得盆满钵满。

第二十章　投资时机预测

人们常说："学海无涯。"如果我们套用这句话，对于一个股票投资者来说，应该是"股海无边"，投资者不仅要具有良好的投资心态和基本的股票常识，还要掌握一些相应的投资技巧。比如，如何把握新股发行、上市的时机，日季、淡季买卖投资的时机等，下面我们就上述问题进行重点分析。

新股发行、上市的投资预测

新股发行、上市一般指的是股份公司新发行的股票在证券交易所挂牌买卖新股上市的消息，通常会在上市前十天左右，经传播媒介公之于众。

新股往往是新股民关注的投资焦点之一，但在操作时，我们还要充分掌握以下几点：

一、新股具有多种投资优势

由于新股发行中签率大于现有股票市场收益率，使阶段性股市资金分流，尤其是发行超级低价大盘指标股，可使现有股票向新股发行转移。所以，从现实走势看，新股具有多种投资优势。

（1）盘面相对比较小，公积金高，即使股本小的新股也极有可能大比例送转股。

（2）没有以前的套牢筹码，上档抛压轻。

（3）刚刚上市的时候业绩优良，没有过多的问题。

（4）比较容易受到资金关注，市场表现活跃，短线机会较多。

二、新股发行、上市的时期不同，往往对股市价格走势产生不同的影响

一般情况下，如果新股在股市行情比较良好（大势较好）时上市，容易激起投资者的投资欲望，往往会使股价节节攀升，从而使资金进一步围拢股市，刺激股票的需求，并带动大势进一步上扬。相反，如果新股在下跌趋势中上市，股价往往还会呈现出进一步下跌的态势。

所以，投资者应根据不同的走势恰当地进行投资决策。尤其是个别已经上市几周或几个月的新股，或者是一些股价基本接近发行价的新股，更应该不同情况不同对待。例如，股价基本接近发行价的新股，由于发行价是流通股股东的底价，如果该股跌破发行价，而且持股人数有限，便可以关注底部放量个股，寻求短线机会进行投资。

此外，也可将新股与市场中同一地域板块、同一行业、同一市场题材、业绩相近、相同流通股本规模及类似股本结构间的公司进行比价，选择平均价来确定该股的预计价格，即为上市后的理论定位价格。如果该企业在其所在行业中处于龙头地位，定位价格可以更高一些。

由此可见，经过对新股发行、上市的不同时期的研究分析，可以有效掌握新股发行、上市时的股价运动规律，并把握价值调整方式。

三、新股的发行、上市与交易市场存在着紧密的联系

一般而言，在新股上市之前，由于市场普遍对该股的市场定价较低，这类新股不但容易成为交易市场中的"抢购股"，而且还会为交易市场注入新的资金。因为在交易市场的资金投入量有限的前提下，新股的发行将会抽出一部分交易市场的资金去认购新股。如果同时公开发行股票的企业很多，将会有较多的资金离开交易市场而进入股票的发行市场，市场的状况将发生变化。

另外，由于发行新股一般都是通过公众传播媒介进行宣传，不但会招来

广大股票投资者进行投资，而且还会吸引社会各界人士对股票投资进行关注，从而使新股的申购数量可能会远远超过新股的招募数量。所以，必然会有一部分投资者"失望而归"。但是，如果这些潜在投资者经过仔细分析交易市场的上市股票后，发现某些股票本益比、本利比倍数相对较低，就可能转而将目光投向交易市场，在交易市场购买已上市股票。

因此，了解和把握新股发行、上市与交易市场之间相互影响的关系，可为独具慧眼的主力资金的建仓创造很好的条件，这也是投资者在新股发行时确定投资决策的基础。

四、对新股投资的重点是要从大势和个股两个方面把握机会

1. 投资新股要看大势

如果新股发行、上市的时机正处于大盘上涨趋势，那么，得到炒作的机会比较大，而且很有可能形成新股上涨和大盘上涨的互动效应，甚至出现次新股成为大盘风向标的局面。相反，如果大盘处于大幅下跌趋势，绝大多数个股的走势都将受到影响，因为能真正逆大势而为的股票毕竟是少数。如前两年熊市中发行的新股，后来有很多跌破发行价。

2. 在个股方面，根据技术分析，正确把握买卖时机

（1）新股发行、上市首日的换手率分析。如果新股发行、上市首日的换手率适中，买卖较活跃，预示着有资金介入，后市可重点关注。如果换手率过低，说明一级市场中签持股者的惜售心态较重，在二级市场主力资金难以收集筹码的情况下，后市行情仍将有反复。投资者还要关注盘口的价量配合情况，在新股的分时走势图上，出现价升量增、价减量跌的形态最为理想，这类新股可以重点关注。

（2）新股发行、上市首日的 K 线分析。如果新股发行、上市的第一天便高开并伴随有长阳线的出现，投资者应及时规避，以免被套；如果新股发行、上市的第一天平开或低开后出现长阳线，虽然此时不宜立即买进，但该股往往会在第二天出现盘中调整走势，投资者可择机介入；如果新股发行、上市的第一天走出长阴线，则说明该股后市很可能将面临一段下调行情，一

般需要数天或十几天后才能企稳，投资者要坚决回避，待其见底后再买进。如果新股发行、上市的第一天 K 线实体较小，则说明多空分歧大，其发展趋势还要观察一段时间。

（3）新股发行、上市的指标分析。通常，在新股刚刚发行、上市的前几天，大多数指标还处在不断酝酿、形成之中，因为技术指标一般至少需要数天的计算周期，所以，在新股发行、上市的初期阶段，主要是观察分析盘中指标和分时指标，其中比较有效的指标是 15 分钟随机指标和 15 分钟 OBV 能量潮，当 OBV 急剧增长，而 KDJ 出现低买信号时，可以把握盘中买入时机。

旺季买卖投资预测

我们已跨入风险市场的大门，心里也已经非常明白：股市既是胜利者的天堂，也是失败者的坟墓，而且从其中走出来的成功者也是少数。然而，利之所在，趋之若鹜——投资者不仅前赴后继地奔向这一市场，甚至没有丝毫后悔之意。

其实，只要真正把握住股市的买卖行情，风险市场也并非那么可怕，因为做任何事情都要付出牺牲，如搞科学实验也可能会失败，创办企业也可能会破产，学做生意也可能会亏本，甚至平常走路也会不小心摔倒，而成功炒股的关键是在进入这一市场之前就做好充足的准备。

一般来讲，选择适当的股票进行投资，必须在股市循环的内涵下进行。对于旺季买卖的循环阶段通常会出现四种情况：

（1）大多数股票的价格会在旺季市场急剧上涨，整个股市的指数升幅较大，通常占整个旺季市场行情的一半左右。此时，投资者可将留用的观望资金迅速投向股市，特别是投向那些高度风险股和小型成长股。

（2）市场指数的升幅已超过旺季市场行情的 65%，大多数风险股已涨到接近其公平评价的水准，与其他股相比，已不再具有明显的特征，股票选择变得更加困难。在此期间，投资者必须基于长期展望，可将资金主要投资于成长股，特别是小额资本的成长股。因为此时人们普遍看好市况并对经济前景持乐观态度，而小额资本的成长较之大型工业具有良好的成长条件。因此，小额资本能更多地吸引买盘而使其股价更快地升位。

（3）股价的涨幅低于整个旺季市场行情的 65%，而且只有极少数股票在继续上升。在此期间，投资者可将部分资金转移到多头市场里维持价位能力较高的绩优成长股中，或将部分资金转为现金和存款。因为在此行情中，股市涨势大部分已告结束。这时进行股票投资必须具有选择性，只能投资非常好的成长股，以及那些在未来经济困境中仍能获益的、顺应大势的股票。

（4）在整个旺季市场中，大部分股票已经上涨到一定程度，只有少数绩优成长股等在经济困境中获利的股票才能继续上升。此时，投资者最好将持有的股票全部脱手，以便在旺季市场完结时再进行新一轮的股票投资。

淡季买卖投资预测

股市上有句谚语："不要告诉我什么价值买，只要告诉我投资的时机，就会赚大钱。"因此对于股票投资者来说选择投资时机是关键。投资时机往往因股票市场的旺季、淡季等因素的影响而有所不同，但仍然可以找到规律。

股票投资通常存在合理的定位中枢，投资以后如果受到外部因素影响而大幅低开和高开，或者出现快速上涨与下跌，都属于非正常行情，这时投资者需要把握市场异动机会，及时采取投资操作。

淡季买卖投资预测主要有以下两点可供参考：

（1）淡季买卖投资时期多为股价走势的低潮阶段，通常比较适合长期投资者，短线投资者应该袖手旁观。

因为对于短期投资者来讲，只有在旺季买卖时期投资，才有希望获得短期的差价收益。如要着眼于长期投资，则以淡季买卖时期投资为最佳，因为在淡季买卖时期，多为股价走势的低潮阶段，这时进场投资，由于投资的成本较低，与将来得到的股利收益相比，相对的投资报酬率会提高很多。

（2）虽然长期投资者比较适合在淡季买卖时期进行投资，但并不是说在交易开始转淡的时候就可以立即投资。一般来讲，淡季的末期才是最佳的投资时机，因为在淡季的末期投资的成本将降到最低程度。但问题的难度在于没有人能够确切地知道，到底什么时候是淡季的末期。

因此，对于投资者尤其是新股民来说，在淡季买卖时期进行投资，最好采取逐次向下投资的做法，即先将所有资金的一半或 1/3 进行投资，之后无论行情是上涨还是下跌，都再予以加码投资，这样，既能使投资者抓住淡季投资良机，又可收到摊平成本的效果。

股价涨跌时的投资预测

股市行情有其自身的规律。股票价格似乎永远没有平静的时刻，上涨到一定程度必然会下跌，而下跌到一定程度又必然会上涨。好像在股市中存有一种神奇的能量，而且这种能量赋予了股价一种特有的运行惯性。当某个方向的能量消耗殆尽后，反向的能量便开始聚集和加强。股价的横向盘整只是一种暂时的现象，是一个休整过程，最终会选择一个突破方向，如果涨不上去，那就必然朝相反方向作用。

那么投资者该如何才能驾驭这种神奇的能量呢？

（1）在大势反转向上及多头市场时，大多能轻易获得利润。如若在遇有主力介入操纵投资股票时，大多也能跟进获利。

（2）当有坏消息传来时，由于人的本性，通常股价下跌得比消息本身还糟糕，此时是投资的良好时机。

（3）对个股进行分析比较。由于股价大多有轮番涨跌的习性可寻，故选择那些处于尚未上涨的成长股作为投资对象，不但可有效降低风险，而且有利可获。

（4）股价下跌一段时间后，长期处于低潮阶段，但已无明显下跌之势，而成交量突然增加时，是逢低买进的最好时段。

以上四种方法各有利弊，前两种主要着眼于短期利润，较具投机性，适合中短线操作；而后两种主要着眼于长期利润，适合较为稳健的投资者中长线投资。

第二十一章 新股民常用股票投资操作方法

资金对于任何一个投资者来说都是有限的，如何充分运用有限的资金，使其达到利润最大化，是每一个股民所期待的。因为它不仅涉及资金的管理，而且还涉及投资方法。有人赞成分散投资，也有人赞成将有限的资金集中使用。这是两种截然不同的观点，究竟哪种方法好，不能简单评价，要视具体的行情而定。

下面介绍几种重要的投资方法以供投资者参考。

顺势投资法

对于新股民而言，资金量小、投资操作不成熟、消息获取慢等是其惯有的特征，因此要在变幻不定的股市战场上获得收益，只能跟随股价走势，采用顺势投资法。

顺势投资法是证券投资者顺着股价的趋势进行股票买卖的操作技巧，即当整个股市大势向上时，以做多头或买进股票持有为宜；而股市不灵或股价趋势向下时，则以卖出手中持股而拥有现金以待时而动较佳。

经过大量实践证明，凡是顺势的投资者，不仅可以达到事半功倍的效果，而且获利的概率也比较高；相反，如果逆势操作，即使拥有雄厚的财力，也可能会得不偿失。

需要注意的是，这种股价涨跌的趋势是一种中长期趋势，不属昙花一现的短期趋势。换句话说，顺势投资法并不能确保投资者时时都能赚钱，只有在股价走向的中长期趋势中，才能顺势买卖而获利。在股价走向的短期趋势中，应用此方法应谨慎。一方面，当股价被确认是短期涨势时，可能已到跌势边缘，此时若顺势买进，极可能抢到高价，甚至于接到最后一棒，股价立即会产生反转，使投资者蒙受损失；另一方面，当股价被确认处于短期跌势时，可能已到了回升的边缘，若这时顺势卖出，极可能卖到最低价，同样使投资者追悔莫及。

因此，采用顺势投资法，不仅要明确涨跌趋势，对大势趋向能够及早确认，而且需要投资者根据股市的某些征兆进行科学准确的判断，如果不明确且无法及早确认，则不必盲目跟从。

一般而言，如果以多头市场为例，其征兆主要有：

（1）不利消息（甚至亏损之类的消息）出现时，股价下跌。

（2）有利消息见报时，股价大涨。

（3）除息除权股，很快做填息反映。

（4）行情上升，成交量趋于活跃。

（5）各种股票轮流跳动，形成向上比价的情形。

（6）投资者开始重视纯益、股利；开始计算本益比、本利比等。

总而言之，初入股票市场的投资者由于本身谈不上能操纵行情，大多跟随股票走势，比较适合采用顺势做法，而且这种方法几乎已被公认为是小额投资者买股票的"铁律"。

拔档子投资法

拔档子投资法亦称"回补投资法"、"滑坡刹车法"，指在股票市场的投资中，当投资者手中持有的某只股票上涨时，即刻售出股票，先赚一部分利润到手；等到股票价格往下跌时，再用低价购进股票，补回原先出售的股票数额，从而保存实力的方法。

通常"拔档子"卖出与买回之间相隔不会太久，短则相隔一两天即可回补，最长也不会超过一两个月。因为投资者"拔档子"并不是对后市看坏，也不是真正有意获利了结，只是希望趁价位高时先行卖出，以便自己赚自己一段差价。

这种方法适合的人群广泛，不但是一般短线操作的常用手法，股票投资大户也经常运用这种方法对股价的涨跌做技术性调节。

但这种投资方式是以正确预测为前提条件的，除了要求投资者密切注意股票行情的升降趋势外，还必须养成见好就收的习惯。对于投资者而言，如果做对了，即当卖即卖，当收即收，干净利落，就可以降低成本，增加盈利；相反，即使判断失误，损失也不会太大，充其量是费力不讨好。

拔档子投资法操作方法如下：

一、挺升行进间拔档子

这需要投资者在股价上升一段时间后立刻抛出股票，等股价回落后又随即回补，以便化解上升阻力，推动股价行情再度上升，以获取价差收益。

二、滑降行进间拔档子

这需要投资者在股价下滑之前，即股价尚处于高位时马上售出股票，等行情再下跌时再行回补。例如，某投资者以每股 80 元买进某股，当市价跌至 70 元时，他预测市价还会下跌，即以每股 70 元赔钱了结，而当股价跌至每股 60 元时，他便开始补进。这样，不仅能减少和避免套牢损失，有时还能反亏为盈、反败为胜。

保本投资法

股市中一直流传着这样一句经典格言：先求保本后讲赚钱。即投资人可用保本投资法来避免自己的本金遭受损失。

所谓保本投资法是股票投资中避免血本耗尽的一种技术操作方法，即在股市走势不明、股价动荡不定时，投资者为避免投资本金的亏损而采用的一种保本投资方法。

保本投资法通常比较适用于对行情不太明朗，不知股价会涨跌到什么程度的新股民，当行情上涨时可以先保其本，而当行情下跌时则可以断然停止损失。

保本投资法的操作方法如下：

一、制定心目中的"本"

保本投资的"本"和一般生意场上的"本"存在一定的区别。生意场上的"本"一般是指用于投资做生意的所有资金；而保本投资的"本"通常是指股票投资者主观认为在最坏的情况下也不能亏掉的那一部分，或者说是投资总额中不容许被亏损净尽的那部分数额，也就是国外股市投资所得"停止损失点"的基本金额，并不是保投资者用于购买股票的总金额。

但是，由于每个股票投资者的资金来源不同、收入不同，用于购买股票的总金额也各不相同，即使购买同等数量的同一种股票，不同的投资者所用的资金也大不一样，从而使有些投资者的"本"可能比率较高，而另一些投资者所制定的"本"的比率则较低。因此，对于新股民而言，首先要定出自己心目中的"本"是多少。

二、必须确定获利卖出点

确定获利卖出点是针对行情上涨时所采取的保本投资策略。获利卖出点是指股票投资者在获得一定数额的投资利润时，决定卖出其所欲保的"本"的那一部分。这时卖出的股票仅是所要保本的那部分，而非全部所持股票。

例如，某投资者购买了10000元的股票，暗自制定其"本"为5000元，当10000元的股票市价可以出售到15000元时，他就卖出5000元，然后再定其本为4000元，当这10000元股票可按市价卖到14000元时，他又卖掉其中的4000元，将本收回。

通常第一次保本后，投资者可对剩余的股票进行第二次保本，保本比例由投资者自己确定，可与第一次相同，也可较第一次低一些。总之，确定保本比率后，如果价格升到获利卖出点，即可保本获利，如果行情继续看涨可继续采用此法。

三、最后必须确定停止损失点

确定停止损失点是针对行情下跌时所采取的保本投资策略。停止损失点是指当行情下跌到符合股票投资者的心目中的"本"时，即予卖出，以保住其最起码的"本"的那一点。简单地说，就是投资人在行情下跌到一定程度时，全部卖出所持股票，以免蒙受过多亏损的做法。

仍以某投资者购买了 10000 元的股票，暗自制定其"本"为 5000 元为例，当行情下跌 50%时，就是投资者采取停止损失点措施的时候了，即全身而退以免蒙受过多亏损。

由此可见，采用保本投资法，关键在于卖出的决策，必须确定自己的获利点和止损点。

被动投资法

被动投资法是投资者购买股市指数成份股的全部股种，使投资于某种股票的金额与该种股票的市值占股票市场总市值的比率成正比的投资方法。

对于新股民来说，炒股不仅意味着要认真选择股票，仔细选择买入的时机，而且还要根据自己的具体情况来安排资金的用量，而被动投资法不失为利用业务时间买卖股票的投资者，以及那些对知识缺乏深入了解之人的最佳选择。

一、被动投资法可以为新股民带来的益处

（1）运用被动投资法，投资者只需关注影响市场走势的各种因素即可。因为这种方法可以为投资者节省大量的时间和精力去研究各上市公司的经营

情况，也不必对个股天天的变化情况进行分析。

（2）运用被动投资法，投资者可以有效地降低投资风险。因为股价指数的变化情况完全反映了投资者的收益情况，而股价指数代表了股市上各种股票变化的平均数。

（3）被动投资法尤其适合对K线图以及成交量缺乏研究的投资者。因为运用被动投资法，投资者可以挑选一些与指数相关系数最大的股种，即所谓的"指标股"，从而使收益情况追随指数的变化而变化，因此，即使投资者对个股的K线图、成交量等缺乏研究，也可以买卖股票。

二、被动投资法的操作方法

（1）将投资于股市的资金全部分散投资在股市指数成份股的各种股票上。

（2）投资于各种股票的资金比率与该种股票的市价总额在整个股市的总市值的比率大体相当。

例如，某投资者拟将20000元资金投资于股市，倘若股市指数为10个成份股，各个股票市价占整个股市的总市值分别为5%、11%、6%、12%、7%、13%、8%、14%、9%和15%，则投资者购股的资金分配分别为1000元、2200元、1200元、2400元、1400元、2600元、1600元、2800元、1800元和3000元。这样，投资者持有股票市值的变化率与指数的变化率就基本趋同，或者说，股价指数增加或减少多少个百分点，投资者所持有股票的市值也相应地增加或减少多少个百分点。

（3）投资者在使用被动投资法时，也可作适当调整。比如，可以适当增加绩优股的比重，从而代替投资组合中个别业绩明显差的股种。当然，这种修正不宜做得太多，否则，也就不称其为被动投资法了。

最大风险法与最小后悔法

一、最大风险法

此种方法是以获得最大收益为前提。投资者在预订某只股票时，将股票的发展前景划分为高、中、低三种等级，并相应地制订大量、中量、小量的购买方案。运用此种方法具有较强的赌博性质，因此在投资时一定要具备较强的冒险精神和面对损失的良好心理素质。

二、最小后悔法

股市风云难测，时机稍纵即逝，投资者难免会做出令自己后悔的决策。最小后悔法就是要将后悔值降到最低。此种方法先要计算出每种购买方案在各种经营状况下的最大收益值，然后求出相应的后悔值，其公式如下：

后悔值=某经营状况下的最大值-收益值

在实际操作中，因为影响投资收益的因素很多，投资者应根据多种因素的影响，综合确定合理的投资数量。

可以说，资金管理是新股民投资股票中的核心环节，因为随着信息时代的快速发展，虽然买卖股票的很多环节都可以运用高科技进行，但资金管理则要靠自己去把握。

第二十二章 构建适合自己的投资组合

投资组合是指由投资人或由金融机构所持有的股票、债券、衍生金融产品等组成的集合。股票投资组合的技巧是投资者依据股票的风险程度和年获利能力，按照一定的原则进行恰当的选股、搭配以降低风险的投资策略。

构建投资组合要遵循的原则

投资组合策略是建立在对理性投资者行为特征的研究基础之上的，因为理性投资者通常具有厌恶风险和追求收益最大化的基本行为特征，所以在构建投资组合过程中，就是要通过证券的多样化，以使由少量证券造成的不利影响最小化。

因此，构建适合自己的投资组合首先要遵循以下三点：

（1）股票投资组合策略的基本原则是：在同样风险水准之下，投资者应主动放弃利润较小的股票；在相同利润水准的时候，投资者应主动放弃风险最大的股票。

（2）股票投资组合的核心和关键是有效地分散投资。分散投资是说不要只买一只股票，对于新股民而言，尤其是那些资金不充足的投资者，投资2~3只股票为好，而且要选择确实有潜力的股票一直做下去，定会有收益。因为通过分散投资，将投资广泛地分布在不同的投资对象上，可以减低个别股风险从而减少总风险。

（3）股票投资组合的目的是分散风险，实现收益最大化。

1）分散风险。股票与其他任何金融产品一样，都是有风险的。正如各种证券报纸杂志上所写的那样——股市风险莫测，虽然在股市里到处都可以寻找到机遇，但在机遇的背后却是风险。换句话说，不要以为别人买股票赚了钱，你就一定也能，而不知道已经时过境迁，等待你的只有陷阱。

因此，通过投资组合可以分散风险，资产组合的风险随着组合所包含的股票数量的增加而降低，而且资产间相关度极低的多元化资产组合可以有效地降低非系统风险，即"不能把鸡蛋放在一个篮子里"，这就是构建投资组合的目的之一。

2）实现收益最大化。无论是老股民还是新股民，可以说没有一个投资者喜欢风险，而且他们的最终目标，或者说共同目标都是追求收益最大化。然而，风险与收益是成正比的，高收益总是伴随着高风险，这似乎与分散风险存在矛盾。其实，这只是针对单个资产而言，事实上，通过对各种资产进行不同比例的组合，可以达到在同等风险水平上收益最大和在同等收益水平上风险最小的理想状态。

那么，对于初入股市的投资者来说，如何构建适合自己的投资组合呢？

（1）要有自己的投资理念。许多投资人盲目地跟随市场、跟随他人进行投资，哪只股票涨幅居前就追买哪只，这是所有股市中普遍存在的真实写照。但是，股市中赚钱的永远是少数人，喜欢跟风随大溜的人最终都会赔钱。因此，如果你想构建适合自己的投资组合，就必须要有自己的投资理念，必须完全把资金的安全边际放在第一位。

（2）要结合自己的实际情况。各类股票各有其特色，各有其特点。如果你正处于生命周期的积累阶段，要投资未来购房、孩子上学的费用，那么，你就首选成长型股票；如果你正处于生命周期的分配阶段，既要供孩子上学，又要供自己养老，那么，你就要以收入型股票为主。

总之，一定要根据自己的实际情况而定，这是基本的道理。世界上没有一成不变的股票，灵活机动才是投资的根本。

为了保障广大投资者的利益，股票投资都必须遵守组合投资的原则，秉承"一堆鸡蛋多个篮子"的理念，结合自身所处的生命周期，承受风险能力与投资期限而投资各类型多只股票，均衡风险管理，增强投资的稳定性，使股票投资在各个阶段都能获得较好的收益，而不能简单地将股票投资累计相加。

保守型投资组合

通过前面几章的学习，我们已经了解到投资不仅是指可以预期带来报酬的理财行为，而且还是一段"不劳而获"的过程，即所谓"钱生钱"的过程。但投资者必须根据宏观经济环境综合衡量，因为人生不同理财阶段的投资产品随着不同理财计划而不同，而且不同投资组合也是为适应理财计划而制订的。

保守型投资组合就是投资者以选择较高股息的投资股作为主要投资对象的投资组合的技巧。这种投资组合能够使投资者获取较为可观的股息红利，通常比较适合于初入股市的投资者。因为保守型投资组合的资金分布往往是将80%的资金用于购买股息较高的投资股，而只将20%左右的资金用作投机操作，由于大量资金被投向具有较高股息的股票，所以在经济稳定成长的时间，可以领取股息与红利，即使行情下跌，依然能够获取较好的投资回报。

然而，市场的热点是不断变化的，保守型投资组合策略一般比较适宜于在经济稳定增长的时期采用，而在经济结构的转型与衰退期，投资者还应保持头脑的清醒，以及时跟上变化的脚步。因为在经济结构的转型与衰退期，原先投资价值较高的投资股，有可能由于经济结构的转型而变得不景气。

例如，有些绩优股经常被大肆鼓吹可以长期持有，但实际上也会大幅度下跌。曾经扬名一时的绩优股"深发展"、"四川长虹"都曾大幅下跌过半，从而使发行这些股票的公司利润大幅度降低甚至是转盈为亏，最终导致所持股票价值大幅下降而使投资者蒙受损失。

随机应变型投资组合

很多投资者在进行投资时都喜欢听听别人的看法，或者让他人给个意见，但失败时却又牢骚满腹、怨天尤人。殊不知他人的看法或意见并不适合于你，尤其是股评家的说法，人人都能听到。而且当股评家一致看好或看坏某只股票时，庄家必定会做出相应的策略，而不是坐以待毙。所以投资者必须掌握随机应变型投资组合。

随机应变型投资组合是投资者根据股市走向变化而灵活调整证券组合的投资技巧，即当判定股市走向看好时，则将资金的大部分投放在投资股上，而认为股市走向是看跌时，则将大部分资金转入购买公债等风险较小的证券或持有现金等待买入时机。

因此，随机应变型投资组合往往具有及时转向、灵活机动、见机行事、适应变化的特点，不但较为证券投资者推崇，而且还是一种被新股民颇为喜爱的投资组合的技巧。

通常，随机应变型的投资组合可参考以下比例：

处于多头市场时，有息投资股 20%、有息领导股 20%、投机股 40%、债券或流通资金 10%~20%。处于空头市场时，有息投资股 10%、投机股 10%、债券和流动资金 80%。

总之，投资者可根据市场变化情况随时调整比例。

第二十三章　新股民投资操作要点

股市是一个充满机会与风险的组合体，表面上看是赚钱机会横生的场所，但实际上也是滋生陷阱的摇篮。一般来说，新股民要想规避投资误区，在股市上有所作为，最好的办法是一方面掌握股票的投资策略和投资技巧，另一方面构建正确的、适合自己的投资组合，同时调整好自己的投资心态。

避免听信小道消息

随着股市财富效应的不断扩大，很多对股票一窍不通的人也纷纷涌入股市，然后根据朋友圈中流传的一些小道消息进行投资。

虽然我们一直在强调，投资者在投资股票时应该关注公司基本面，不要相信小道消息、炒作题材股，要做个理性投资者，但无法回避的事实是，一些市场传言确实在短期内推动了某些股价的上涨，并让其中的有些人获得暴利。

然而，并非所有的人都这样幸运。更多的是投资者由于听信小道消息投资，不仅在牛市中没有实现财富的增值，反而碰了一鼻子灰，因为不少消息、题材传闻其实是人为陷阱，轻信者非但没有成为猎人，反而成为猎物。

听信小道消息的李先生就经历过这种不幸。李先生一向买卖股票都以公司的业绩为主，从去年年初就一直持有某只股票。但今年3月一位自认为信息灵通、可靠的朋友强力向他推荐了另一只股票，并非常坚定地说："这只股票再涨两倍都没问题。"

　　李先生与这位朋友已交往多年，认为还是有一定的可信度。于是，李先生以 20 元的价格买进了这只股票，但买进后不久该股票便开始下跌，李先生投入股市的 40 多万元资金中，有一半都砸在了这只股票上。如今，谈到小道消息，李先生仍心有余悸。

　　的确，股市中打听消息、炒消息已成为一种普遍现象，许多人投资炒股不是根据自己的综合研判，把精力放在学习知识，提高自己的技术上面，而是完全依赖于市场传言，这也是导致投资最终失败的重要原因。

　　但是，市场上常常是各种消息满天飞，真伪难辨。一些小道消息或许有其出处，但多数具有不确定性，很难证实消息的来源，而且当消息传到新股民耳中的时候，你接到的可能只是最后一根接力棒，股价早已经发生了变化。如果市场传闻是属于有心人士的蓄意制造，那么，无可置疑的是，听信这些市场传闻而抢进抢出的投资人，有可能正中机构大户的圈套，成为市场传闻的受害者与牺牲品。

　　例如，20 世纪发生在证券市场上著名的"苏三山事件"就是最好的例证。1993 年 11 月 8 日，突然有一个人向新闻媒介传送虚假消息，称"北海正大置业"公司即将收购"苏三山"，该则消息立即引起所涉及股票的巨幅上涨和震荡。当日收市，虽然深圳证券交易所随即发布了关于"苏三山"被收购是谣言的公告，但一些紧跟小道消息的投资者还是为此付出了沉重代价。

　　此外，许多主力想建仓时，也会故意借一些股评"黑嘴"发布该上市公司的利空谣言，以骗取低价筹码，顺利完成打压；而当主力想出货时，又会故意发布该上市公司的利好谣言或者让一些股评"黑嘴"大肆推荐该股票，以吸引专门依靠听取小道消息进行投资的人跟进，从而顺利地完成拉高出货的目标。

　　可以说，早在前几年"黑嘴"们活动猖獗之时，投资者可谓身受其害。而如今，不仅有股市"黑嘴"，而且报纸、电视台、各个媒体每天也同样耳语不断。所以，聪明的投资者应该把精力从到处打听小道消息上转移到加强学习、提高技术上，应该用智能判断这些消息真正的含义，而不是完全不分析过滤，人云亦云。如投资股票之前，你必须先知道这家公司主要业务何在；公司经营风格；产业的趋势是成长还是衰退；公司过去的股价趋势……

谣传是不可信的，小道消息常常很难辨别真假。尤其对于新股民而言，必须学会正确判断别人所表达的意见是否有价值，即当我们听到"据说、可能"这样的词语时，必须运用理性的思考能力进行辨别。

拿破仑·希尔曾说过："思考即财富。"许多年前，罗丹也曾塑造了有名的"思想者"的雕像，并告诉我们思考的力量——思考能力是我们唯一可以完全控制的东西，我们可以任意地运用它，使它显示出一定的能量。

总之，我们一定要根据可靠的事实，提出我们自己的见解，切忌听信小道消息。

避免举棋不定

如果说成功是一个令人喜爱的天使，那么，失败就是一个令人讨厌的魔鬼。而且失败总是和痛苦、沮丧结伴而行，虽然任何一个人都想远离它，甩掉它，但它并不那么容易被甩掉，甚至从我们进入股市的第一天起，它便像影子一样紧跟在我们的身后，而且一旦我们不小心或出现意志薄弱的情况时，它就会把我们拖进痛苦和绝望的深渊。许多人被这个家伙吓倒，变得举棋不定，犹豫不决，进而葬送了许多大好机会。

具有举棋不定这种投资心理的投资人，虽然在买卖股票之前已经制订好了投资计划，但当他步入股票市场时却因为一点风吹草动就心猿意马——因害怕失败而不能按计划实施自己的方案，不是按兵不动，就是转而跟风。

心理学家认为，对每一个人来说，一定的犹豫心理是客观存在的。尤其是在股票投资中，股市上的交易气氛，往往会或多或少地对投资人的决策产生一定的影响。有关调查显示：证券交易现场从事股票的投资者，90%都曾被交易气氛所左右，最后身不由己地跟着气氛买进或者卖出。因为投资者都害怕失败，一般都不会拿自己的血汗钱去冒险。这种股市气氛决定投资者的犹豫心理，而犹豫心理又影响投资者行为的现象，被称为"举棋不定"。

举棋不定的人太易受环境的左右，如小道消息、股评家的看法、朋友的三言两语或其他股民的不同做法都会使其改变初衷，原本打算买进的股票不买了，原本打算抛出的股票又留下了。

举棋不定往往使投资者反其道而行之——做出违反其本来意愿的决定，如果不能理智地对待这种犹豫心理，往往会导致投资失败，使利益受到损失。

例如，有些投资者已经做出了趁低吸纳的决策，而且经过研究分析，也已经得出某只股票价格偏低，正是买入的最佳时机，但到临场一看，买进的人寥寥无几，而卖出股票的人却占80%，看到这种情景，他又临阵退缩，放弃了入市的决策，从而失去了一次发财的良机。或者，有些投资者已经做出了出售股票的决策，而且经过研究分析，也发觉自己手中所持有的股票价格已上涨到了一定程度，只要及时卖出就能够获得丰厚的收益。但在临场时，却听到大部分投资者的评论与自己看法不同，其出售股票的决策马上改变，从而放弃了一次抛售股票的大好时机。

由此看来，投资者举棋不定的心理主要是在关键时刻不能做出判断，不能找到正确的方向，不知道自己该干什么，既无计划，又无准则，所以左右为难。

其实，一旦自己已经经过缜密的思考，并制订了详细的计划，就应当坚持自己的立场，持之以恒地冲向自己的目标，而不是因现场买卖氛围的压力犹豫不决、举棋不定，从而抛却自己有理有据的分析。如爱迪生发明电灯泡，虽然失败了99次，但他始终坚持自己的立场，第100次终于获得了成功；诺贝尔发明炸药，也是多次失败，甚至九死一生，但他坚定目标不转移，也终于带上了成功的王冠。

世界著名心理学家诺曼曾说过："我们眼前的任何事实，都不如我们对它所持的态度那样重要，因为那会决定我们的成功或失败。你对某件事思考的方式，可能在你有所行动之前就已将你击垮。你被事实所征服，只因你认为自己会这样。"

成功的投资者永远都会睁开自己雪亮的双眼，一只望着市场，一只望着自己。因为任何时候，最大的敌人，就是自己。人的性格，是一种双重组合：坚定与动摇、顽强与脆弱、胆识与畏缩、耐心与急躁、细心与大意、骄傲与谦虚、知足与贪婪、果断与迟延……而成功者之所以成功，就是因为他们在实践的磨炼中，敢于挑战自己，努力发挥自己理性、果断的一面。

因此，我们必须心平气和地控制自己的情绪、心理以及行为，因为在股票市场里，每天都有很多刺激的事情发生，要应付这些突如其来的变化，必须精明冷静，切忌举棋不定。

避免借钱投资

我们不得不承认，没有哪一个地方能像股市那样让一个人瞬间经历如此离奇而又丰富的成功与失败。它让我们的人生体验在短暂的时间里竟如此丰盛，它既可成就一个人，也可毁灭一个人。它让我们如饥似渴地热爱，也让我们撕心裂肺地痛恨。它是魔鬼也是天使，是地狱更是天堂。

然而，在股票投资市场，无论你有多少资本，无论你做的买卖是大还是小，一定不可以借钱投资。否则，等待你的一定是地狱而非天堂。

例如，深圳市某公司职员小张，原本靠工资生活还算可以，但听说邻居炒股发了大财，于是把家中积蓄全部取出，投入市场。可能是天意弄人，刚开始就让小张小赚了一笔，感到万分兴奋。此时，已被利益冲昏了头脑的小张，已经完全忘记了股市还有风险的存在，不顾一切地从亲戚朋友那里借得更多的资金投入股市。然而天公不作美，这次恰遇行情下跌，小张不慎被套，当他急忙来到市场时，只听人说股市不行了，再不抛将会跌得更多，慌乱之中，小张不得不将手中持股全部抛出。

但是，小张并不甘心，如果把亲戚朋友的钱也赔掉的话，将是一件非常丢人的事。于是，捞本心切的小张又急忙买进，可是股票一到手，又往下跌。此时，小张所有的资金已经全部变成了泡沫。

随着股市行情的逐渐回暖，投资于股市的人数与日俱增，一些盲从者、急功近利者也都纷纷涌向股市，好像股市中并不存在着风险，而是到处都是钞票，大家是去抢钞票。这些急于发财的股民，有钱的出钱，没钱的借钱，他们只知道抢到股票就赚钱，只听说有人在股市赚了不少，不清楚有人在股市付出了高昂的学费；只知道股市能够给人带来高额回报，却不了解股市同时也存在着高风险。

其实，投资是一项长期的活动，大有大做，小有小做，只要方法正确，实现本利不断增值，同样可以做到本小利大的投资效果。"借鸡下蛋"固然好，但客观来说，我们并不是市场的操纵者，谁都不能保证只赚不赔，谁都不能保证不会出现"鸡飞蛋打"的可能。

首先，股票市场是一个风险与回报成正比的场所，投资者的身旁时时刻刻都伴随着风险。股票投资看似简单，只要把钱投进去就行，谁都可以做，但只有具备经济上宽裕、时间充足、投资知识丰富等多种条件的投资者才能从中受益。

其次，金钱是股票投资的先决条件。有的人入不敷出，或收入仅仅能够养家糊口，或根本没有钱的投资者，却希望借别人的"鸡"给自己下"蛋"，这是极不明智的做法，也是十分危险的行为。因为有钱是股票投资的首要条件，对于借钱投资的人来说，保本和赚大钱的心理已经支配了他所有的行为，往往喜欢买价格很低的股票，这些股票大都是劣质股。而投资业绩差的股票，往往会使投资者血本无归，对于不太富裕的人来说，更是雪上加霜。

再次，靠借贷投资股票。这种投资者大都是从民间借贷，甚至是高利贷。其实，这种投资者就是在为自己挖陷阱，因为在股市挣钱并不像某些人想象的那么容易，一买一卖就可以赚到钱。尤其是现在，在股市上每年能够得到高于银行存款的收益已经不易，而且要达到比银行利率高出几倍甚至几十倍的借贷收益更是难上加难，除非是股市高手。

最后，借钱炒股一般只能做短线投资，而短线投资的风险是众所周知的。有时买进后不幸暂时被套，但借期已至，不得已忍痛斩仓出局，说不定过几天股价又涨了起来，平白割肉，实在可惜。

例如，曾先生上半年曾有四成多的投资利润，后来，却全部亏回去了，还无脸见亲人。原来，他在用自己的少量资金操作时，手气顺，赚钱了，结果，亲戚朋友知道后，借钱给他炒，资金放大了三倍。最终心态不好，经常斩仓操作，导致亏损。

　　诸如此类的事例很多，用不属于自己的钱进行过度交易，经常会因为患得患失而在市场中迷失，投资者在借贷炒股时一定要三思而后行。建议投资者不要因本小和利小而不为，只要"肯为"，从提高自己的操作水平入手，就一定会取得成功。

第六篇

新股民操作如何规避损失

第二十四章 新股民操作如何止损

新股民若想要在操作的过程中规避不必要的损失，了解如何在适当的时候、适当的位置止损是相当必要的。

什么是止损？止损在股市中被形象地称为"割肉"，指的是投资前预定一个数额，如果亏损达到这个数额时，及时斩仓出局，该行为的目的是避免造成更大的亏损。因此新股民要学会保护自己，这就需要懂得如何在适当的时候止损和掌握一定的止损方法。

了解止损的意义

在股市中沉浮已久的股民都知道，股市中将壁虎比喻成止损，原因是壁虎遇到风险时，会选择咬断自己的尾巴逃跑。壁虎逃过劫难，还会长出新的尾巴，投资者设置止损的目的就在于此，然而人们却往往不能认真地执行。

一、止损难的原因

1. 止损往往伴随着极大的痛苦

无论壁虎断尾还是止损，都是极为痛苦的过程，因为这代表已经有了损失，而人本身有时候是极难面对残酷的事实的，而且如果一旦止损错误，往往会伴随着一种被愚弄的痛苦。止损，需要积极面对残酷的事实而做出的选择。

2. 侥幸的心理

很多投资者都抱着"再等等"、"再看看"、"兴许有转机"的心理，犹犹豫豫，错过了最佳的止损时期，造成无法挽回的损失。

3. 不愿承认错误的心理

有时候投资者精心选择出一只股票，花费了很多精力，并对它抱有十足的信心，可一旦出现事与愿违的情况，心理上很难接受并不愿承认是自己做出了错误的选择。

市场的不确定性和价格的波动性决定了我们在每次交易中都难以确定是正确的操作还是错误的操作，即使盈利的时候，投资者都难以决定是立即出场还是持有观望，更何况是被套的状态下。人性的弱点有时候让投资者很难做出理智的选择。

二、正确理解止损

止损本身是一种正确的操作手段，但结果却未必正确，有时候按照原则执行止损，结果却很可能与其相反。能否正确理解止损，在于是否能够理解这种错误的止损。止损是一种寻找获利机会的成本，是交易获利所必须付出的代价，这种代价只有大小之分，难有对错之分，对错误的止损也应坦然接受。只有具备这种心态，面对止损才能不逃避、不恐惧，保持实力，实现持续地盈利。

三、止损的意义

"凡事预则立，不预则废。"止损必须在进场之前就设定好，而且要采用科学的方法，不能不设定止损，也不能设定了止损而不施行；不能频繁地设定止损，也不能频繁地施行止损。

止损是一种自我保护机制，每人对风险的承受能力不一样，设定的止损点也不一样，想要持久获利，需要用心分析各种影响因素，随时留意行情变化规律，研究一套能够应变并且相对稳健的投资策略。盈利时不要得意忘形，忘乎所以，亏损了也不要怨天尤人，应该勇于吸取教训。这样才能逐步成为一个成熟而理性的投资者。

止损点的正确设置

止损是一把"双刃剑"。止损是一种保护机制，正确设置止损点是为了避免投资者越陷越深。但是，一旦操作失误，止损操作就会变成亏损操作，这样的事在我们身边时有发生。新股民需要把握止损点如何正确设置。

一、止损点的设置可先排除不适宜止损和不适宜买入的情况

1. 不适宜于止损的三种情况

（1）上升途中的个股不适宜于止损。上升过程中的股价下跌，应视为是对上升的调整，是进货的机会，如果这时止损，往往会把持股抛在一个相对的低位上，从而减少收益。

（2）基本面没发生明显恶化，历史低价时不适宜于止损。如果对这类筹码的止损，往往意味着拱手将利润送给别人。

（3）高位下跌不放量的个股也不宜急于止损。庄家出货往往是在多次反复中完成的，投资者此时虽然被套，但如果是无量下跌的话，还可耐心地等待庄家下一次拉起时少亏一点出场。特别是小盘股，经过一段时间的盘整后，庄家将股价再度拉起的可能性较大。对于那些涨幅巨大、放量下行的股票，投资者一定要及早止损，以免损失后果惨重。

2. 不适宜买入的两种情况

（1）不在大幅上涨之后买入。股语有言，"不在大跌后卖出，不在大涨后买入"。因为市场涨多了早晚会有回调，而且股票是买进的成本低，卖出的利润才会高。

（2）不在上涨时间较长后买入。上涨很长一段时间后，有时成交量会突然放大，这意味着主力可能要大举出货，这时候不宜买入。

排除这两种情况后，投资者至少可以规避大多数高位套牢的陷阱和不应

该止损的情况。

二、正确的止损位的设置参考

（1）股价跌破前一个交易日的中间价或最低价。

（2）股价跌破上升通道的下轨。

（3）股价跌破成本均线或移动平均线。

（4）根据一些技术指标破位确定止损点。

现在，很多电脑股票分析软件提供"预警功能"，当股票的价格达到你设定的价位时，就会发出警报，这需要随时接收股票软件的信号。股票下跌的速度往往很快，这种方法可以帮助你把握好止损点设置的及时应用，把握卖掉股票的机会。

常用止损方法

止损是一项计划也是一项操作，市场不断上涨，许多个股涨幅巨大。对于投资者来说，盈利固然重要，但学会止损却也是一门基本功。那么，止损的方法是什么呢？

一、定额止损法

这是最初始的止损方法，这种方法常见于新入市的股民。这种方法有比较明显的强制作用，不侧重对行情的判断。包括以下几种情况：

（1）投资者根据自己的固定损失金额决定离场。

（2）在买进股票前预先将亏损额设置为一个固定的比例，一旦亏损大于设定的比例就及时离场。

定额止损一般由投资者个人心理、经济承受能力决定，也和投资者的预期盈利有关，止损点的设定完全根据个人状况而定，没有特殊的技术要求。

二、时间止损法

它是根据交易周期而设计的止损技术，指投资者买入股票后，确定一段时间内股价始终未达到预定目标，不论是否盈亏，投资者都坚决卖出手中持股的方法。时间周期的天数是严格按照交易系统的要求设置的，或许还没有抵达止损位置，但是持股时间已跨越了时间的界限，为了不扩大时间的损失，此时不妨先离场。

三、技术止损法

技术止损法是较为复杂的一种止损方法。它是根据技术分析设定止损，避免亏损的扩大。技术止损法相比前一种止损法对投资者的要求更高一些，投资者需有较强的技术分析能力和自制力才能做到。一般而言，以小亏赌大盈指的就是技术止损法。技术止损法包括以下几种方法：

1. 趋势线止损法

这种方法是通过对股价运行形态的分析，一旦发现股价出现破位形态，则坚决止损。具体形态包括：

（1）股价跌穿趋势线的切线。

（2）股价跌穿上升通道的下轨。

（3）股价向下跳空突破缺口。

2. K线止损法

这种方法是结合 K 线组合和 K 线形态进行止损。一旦出现以下的形态和组合要引起注意，及时止损。

（1）K 线组合的止损。包括出现两黑夹一红，一阴断三线的断头铡刀，以及出现黄昏之星、包容组合、射击之星、双飞乌鸦、三只乌鸦等典型见顶的 K 线组合等。

（2）K 线形态止损。包括股价击破头肩顶、M 头、圆弧顶等头部形态的颈线位等。

3. 筹码密集区止损法

筹码密集区对股价会产生很强的支撑和阻力作用，一个坚实的底部被击穿后，往往会由原来的支撑区转化为阻力区。根据筹码密集区设置止损位，一旦破位立即止损出局。

4. 均线止损

（1）移动平均线止损。一般而言，10 日均线可视为短期止损位，20 日或 30 日均线可视为中期止损位，120 日、250 日均线可视为长期止损位。例如，以股价跌破 20 日均线为止损点，或者跌破上升趋势线为止损点，或跌破前期整理平台的下边线为止损点等。这种方法相对比较容易操作。

（2）成本均线止损。成本均线比移动均线多考虑了成交量因素，总体效果一般更好一些。操作方法与移动均线基本相同。

需要注意的是，均线永远是滞后的指标，不可对其期望过高。另外在盘整阶段均线会出现大量的伪信号。

5. 指标止损法

根据技术指标发出的卖出指示，作为止损信号，主要包括：

（1）MACD 红柱开始下降也可以作为一个不错的止损点。MACD 另一个止损型信号是出现绿色柱状线并形成死叉。

（2）SAR 向下跌破转向点且翻绿。其中 SAR 抛物式转向指标，亦称为停损点转向操作系统是最简单也是最实用的，它会紧盯股价的上涨和下跌速度，以股价跌破 SAR 为止损信号。

要注意的是同一种技术指标都有不同的参数选择，短线操作必须使用适合做短线的参数，不能把中、长线指标用在做短线上。

四、突发事件止损法

投资者所买入的股票发生重大事件，以致买入理由消失，则应止损离场，以免遭受更大损失。

五、无条件止损法

无条件止损指的是当市场的基本面发生根本性转折时，投资者摒弃任何幻想，不计成本地杀出，以求保存实力，择机再战。基本面的恶化往往是难以扭转的，投资者应当机立断，斩仓出局。

止损是控制风险的必要手段，由于投资者不同，投资者使用的止损工具也各有风格。但止损一般在进场之前就已设立，在盘中不能随意更改，投资者需要坚决执行，有时候允许在未击穿止损位前决定立即实施止盈或止损操作，但不允许股价击穿止盈或止损位后改变既定的止损位而不采取行动。

第二十五章　新股民规避
损失操作要点

世界投资大师索罗斯说："投资本身没有风险，失控的投资才有风险。"因此要规避由风险造成的损失并且学会及时止损，这些是新股民保护自己的手段，市场的不确定性决定了风险防范和止损存在的必要性。在任何情况下保本都是第一位的，建立合理的防范和止损相当有效，不让亏损持续扩大。成功投资者的交易方式可能各有各的不同，风险防范和止损却是保障他们获得成功的共同特征。

鸡蛋和篮子的关系

众多专家忠告广大投资者，"不要把鸡蛋放在同一个篮子里"。实际上这说明了一个要注意风险防范的道理，即可以利用周期、资金、行业、企业等分散投资分散风险，在股票走势把握不准的时候，做到"东方不亮西方亮"。但是，我们也同样提到过，和一个鸡蛋用一个篮子一样，手持多种股票也是同样不利于操作的。

在日常的操作中，有的投资者把自己的全部资金砸入一只股票，这种做法可能风险较大。因为一旦对股票判断失误，选择它不仅会增加操盘的难度，甚至很难获得丰厚的利润，无论投资者操盘技术有多高超，都有可能无力回天。这种情况出现的原因可能是因为投资者对于自己投资的股票过于自信，或者抱有一种投机的心态。

而如果像很多散户投资者一样，总共几万元的本金，却买了十几只股票，这样，风险在一定程度上分散了，收益水平也随之相对降低了。这种情况出现的原因和上一种情况恰恰相反，有的是对所买的股票没有信心，不敢多买，抱着试一试的想法，每个都买一些。有的是没有分析研究股票，就贸然买入，在高位被套住时，却舍不得斩仓止损。所以买入别的股票，分散这种风险。

显然，以上两种方法，都是不足取的，到底应该放在几个篮子里，因每个人的自身条件和功力不同而不同，对于巴菲特这样功力深厚的投资人，误算错判的概率低，没有一般投资人对分散投资管理风险的依赖性大，其实对于资金量少、经验浅的新股民来说，建议最好选择两三只股票，毕竟时间和精力是有限的，把有限的时间和精力投入到少数股票上，才能集中火力争取最大的盈利。

关键要做的是，在买股票前一定要做好充分的准备工作，对资金、行业做好周密的分析，深思熟虑后再选择买入哪只股票，因为如果你错过了一只还有另外一只，可是如果因为缺乏分析使股票被套，不但有损失，还会失去选择其他好股票的机会。

再一次提起关于鸡蛋和篮子这个投资者已经烂熟于心的道理，不过是为了让投资者能够按照投资组合的理念规避和防范风险，尽可能实现最大化的收益。

锁定利润，见好就收

多数投资者炒股时有一个通病，就是最关注自己账户显示盈亏的数字。很多人在进行买卖决策时的依据是只有赚了多少我才卖，跌了多少我要补仓，而不是依据个股走势，或基本面变化来进行操作。

其实，在一波行情中，很多投资者都因为没有及时获利出逃，由赚钱变成保本甚至亏损。但是，一些成功投资者却能获得很大的收益，其根本原因并不是因为他们比普通投资者缺少贪恋赚钱的欲望，而是因为成功投资者更懂得锁定利润，见好就收。在一个趋势为王的时代里，锁定利润，见好就收可能就是保存牛市胜利果实的唯一方法。

两年前，孙女士有一块心病——儿子大学毕业出国留学还差 5 万元，于是孙女士选择了股票投资。

孙女士最初的想法是：只要亏损超过 10%，就马上卖出，不再做投资。2007 年 3 月初，孙女士用 15000 元买了两只股票，到了 4 月中旬，两只股票的平均收益就达到了 10% 左右。5 月，孙女士又将余下的 5000 元也先后投资在了股票上。

正当孙女士的投资热情空前高涨时，2007 年 "5·30" 大跌来了，短短一个星期，孙女士就亏损了近 7%。当时，孙女士的第一想法就是，还没有达到自己设定的亏损目标，可以再等两天。

到了该年 9 月，孙女士原本的 2 万元已经成功地变成了 55000 元。半年时间，孙女士就达到了自己锁定的利润目标——赚足儿子出国的钱，孙女士非常满意。几经考虑，她将股票全部卖出，再买下去，孙女士觉得冒险。

不能不说，孙女士见好就收的心态帮助她成功地躲过了一年多的漫漫熊市。事实上，孙女士没有特别的投资思路，也没有丰富的投资经验，但孙女士的故事再次印证了投资的成功要领：锁定利润，见好就收，不为目标以外的诱惑所动，坚定投资心态，才能做好投资。

股市上有句俗语："只有把赚钱的股票卖出才是真的获取利润，否则，账面利润再多也只是一个数字而已。"

为了避免由赚钱变成保本甚至亏损，实际操作中，成功投资者通常都会设定股票的最小获利点位，如 10%，股价一旦达到这个目标，立刻卖出所持股票的 50%；之后，如果获利率不断上涨，获利点位也可以相应提高一些；但是，一旦股价回调到最小获利点位，就应马上全部清仓。

然而，炒股发财的毕竟是少数，多数人是 "赔了夫人又折兵"，最后咬牙切齿地发毒誓：今生今世再也不踏入股市半步。其实，股还是可以炒的，但要想不赔钱或少赔钱，一定要锁定利润，做到见好就收。

对新股民来说，也可以通过关注一些简单的见好就收的信号，如股价短期内上扬 30%以上，周 KDJ 由钝化变为向下或周 KDJ 的 D 值大于 80 时出现死叉等时机卖出股票，从而使收益达到最大化。

"锁定利润，见好就收"，这是股民口口相传的炒股宝典，也是股票市场最后的取胜之道。在股市走牛的时候，带着这样的心态进入股市，想不赚钱都难。

低买高卖，适可而止

在股票市场追求最大的利润及利益是每一个投资者的希望，即投资股票的目的就是获利，但作为新股民不利的因素较多，如资金实力及信息处于弱势等，因此对利益的追求一定要有一个尺度。

首先要有一种理性思维，就是要有一种正确的投资心态。因为资本市场有太多的诱惑和迷失，虽然股民进入股市的目的都是为了最大限度地赚钱，但股市毕竟是一个充满了风险的投资场所，总是在希望和失望两头"震荡"。

而且，尽管在股市里有时投机会让你赚取到更多的钱，但有时投机同样会让许多股民损失惨重。当我们对未来的一段反弹开始表现出信心的时候，不知不觉中指数开始逼近 4000 点，市场总是有太多超出预期，也许这也正是股市的魅力所在——涨多了要跌一跌，跌多了也会涨一涨，涨涨跌跌有如潮起潮落，这是股市的自然规律所在。

因此，作为新股民，一定要在股市的风险得到较好的释放后再买入股票，而待股价上涨、风险增加到一定程度时再卖出股票，即低买高卖，如此反复操作，投资者在股市里想不赚钱都难了。

然而，到底股票获利多少或在什么价位抛售比较合理？是 10%？40%？还是 60%？各种意见不一。有人认为："到 10%的获利水平就应该坚决地走人。"也有人认为："只有达到 50%的获利水平才应该卖出。"甚至更有贪心者认为："应该挣足，不获得全部的胜利，坚决不走人。"贪得无厌正是投资者最大的心理障碍，也是股市上最大的陷阱。

当股价下跌时，迟迟不肯入市，总希望能够买到更加便宜的股票，直到价格反弹才如梦初醒，结果坐失良机；当股价上升时，一再提高售出的价格指标，迟迟不肯善罢甘休，企图获得更大的利润，往往使已经到手的利益成为泡影。

最低价买进、最高价卖出是买卖操作的理想状态，甚至是可遇而不可求的获利良机，要靠牺牲机会和承担风险来换取，所以，低买高卖，适可而止是保证长期获利的最可取的策略。

随着时代的发展，股票行业已经普及到大众人群，近年以炒股为题材的经典影片层出不穷，自美国《华尔街》系列电影上映后，越来越多的相同题材影片开始进入我们的视线，《大时代》、《金融小子》、《王牌出击》等影片都深度透析了当代股市瞬息万变的特色。虽然电影情节各不相同，但同时包含了一个相同的道理，对于炒股而言，懂得及时出手不如懂得及时收手。

以经典的《华尔街》电影为例，曾经叱咤金融界的大亨戈登·盖柯因内幕交易被捕入狱，多年后戈登·盖柯刑满出狱，当他想再次回到这一行业时发现自己已经无法再跟上时代步伐，此刻的华尔街已经无比贪婪和凶险，无数危机随时可能出现，这位曾经的龙头人物甚至在小股民眼中都一文不值。

戈登·盖柯极为不甘，却又无能为力，带着这种不甘心他依然徘徊于股市当中，结果被自己的岳父狠狠欺骗。最后留给戈登·盖柯的只有无助与绝望，面对眼前的两难境界，戈登·盖柯不知如何是好，他回想起自己的过去，当年如果不是贪欲过胜，他本可以获得无比幸福的生活，正是因为自己不懂得如何收手，才落到了今日的局面。

事实上，今日无数的股民也面临着相同的问题。

面对市场，不妨回味过去一段的操作得失，股市中总有一部分投资者，原本在一轮行情的前半段赚了不少钱，但随着行情的见顶回落，其收益也随之而回落下来，有的甚至不赚反亏，这就是不知道适可而止的结果。

因此，炒股务必适可而止。股票市场变幻莫测，投资者要想不断获利，不但应分期分批投入，不能集中于一点孤注一掷地投入，而且更要懂得一方面"该出手时就出手"，另一方面也应"该收手时就收手"，贪心和过分沉迷是股票投资的大忌，要适可而止。

第七篇

如何使自己获利

第二十六章　在适当的时机卖出

股市中流传着这样一句话："会买是徒弟，会卖才是师傅。"换句话说，在股市里，无论是谁，无论是做短线还是做长线，只有买进股票后在适当的时机卖出才能获利。但是，股市历史证明，卖出股票是一门艺术，并非是一件简单的事。

这种艺术通常被专业投资者成功地运用着，而新股民却很少能掌握，最终都在股市中亏了钱，甚至输得很惨。因此，把握好卖出股票的时机，成了股市中所有投资者首要解决的问题。

正确卖出，投资者的方法

许多投资者，虽然已经在股市经历多年，但却依然无法避免失败、原地踏步的遭遇。其实这都需要认真地、理性地加以回顾。尤其是对新股民来说，并不需要抄袭谁、复制谁或模仿谁，而是需要理性思考自己尚存的失误。也就是说，方法不对，要想成功是很难的。

股市中，投资者经常会听到这样一句话："买对是银，卖对是金。"这是因为股价在底部徘徊的时间较长，可以有充分的时间考虑，但在顶部经常是高点的时间非常短，不少投资者还没有来得及卖出，便开始下跌。

于是，市场上又出现了一种"底部三月，顶部三天"的说法，不仅说明卖出的难度，同时也明确告诉投资者，如果想在投机性非常强的股票市场上生存、获利，必须学会正确卖出。

正确卖出是指当市场价格远远超出投资者的价值判断或有更好的股票供投资者选择时，投资者就应该果断地卖出或换股。正确卖出既是投资者的获利方法，也是一门艺术。但并不是说价格卖得越高就越有水平，而是要卖得不高不低，火候把握得恰到好处，那才是真正的艺术。

然而，从心理角度说，人性的弱点决定了大部分投资者不会卖出表现好的股票以锁定利润并避免账面利润蒸发，而是继续持有表现差的股票以避免承受损失和避免承认做了错误的投资决策。

可以说，卖出股票永远是一件让人左右为难的事情。因为大部分投资者通常会在股价已经大幅上升的时候，觉得还能赚得更多，如果卖了就失去了获取更高利润的机会；而当股票下跌甚至亏损比较严重的时候，卖出就等于亏损，更是让人难以接受。

所以，卖出股票对投资者而言是最大的挑战之一。一般投资者在没有持有股票之前可能会很清醒，而一旦持有股票之后，往往就会反复否认自己看到的卖出信号，并肯定自己的持有是正确的。但是现在舍不得卖出，就会失去博取其他投资机会的资本。现在的卖出正是为了去寻求更好的盈利，避免更大的亏损。当卖出时机来临的时候，就要果断卖出。

在现实中，许多投资者都持有过好的品种，却没有很好地把握住，往往遇到在卖出股票之后股价又大幅拉升的情况。因此，学会正确卖出股票非常关键，即不求卖得多么高明，多么有创造性，只求卖得及时，卖得正确。也就是说，投资者不仅要知道如何选择有投资价值的股票，而且更要懂得在选对个股后如何使自己的获利最大化。

如何判断是否应该卖出股票

卖出股票的确是一件非常困难的事情，从某种程度上讲，卖出股票甚至比何时买股票、买何种股票更难，而且更重要。投资者一旦买了一种股票，就要决定是持有还是卖出。但实战的结果却是残酷的——投资者正确卖出股票的概率很低。

所以，这就需要投资者必须能够正确判断持有的股票是否应该卖出。

（1）决定是否应该卖出股票的依据。大部分投资者在卖出股票之前，往往是根据股票价格运动传达的信息而决定。其实这是一种错误的判断行为，因为卖出股票并不取决于股价过去两周或一个月的表现，尤其是在短期内，完全不可预测的原因能导致股价向各种方向运动。

因此，当投资者做出卖出股票的决定以后，股价走势如何不是最重要的，股票长期运行的表现很大程度上取决于公司未来的变化，即公司的未来才是投资者决定是否要卖出一只股票的真正依据。

1）公司是否被严重高估。有时股票市场也会对某些短期事件反应过度，如在第一次评估一家公司时可能会遗漏某些事情，高估了公司发现新增长点的能力，股价远超出其实际价值。虽然这种情况通常是对公司前景过于乐观时发生，但投资者买入这只股票的理由已经不存在，就不应该再继续持有。

2）公司基本面是否已经恶化。通常，经历了几年的成功后，疯狂成长的公司的发展速度已经开始减缓，如果负债水平、库存和应收账款的上升比收入上升更快，说明已经到了重新评价公司未来前景的时候。一旦注意到公司的基本面开始恶化，就到了该卖出股票的时候了。

（2）是否具有更好的投资机会。作为一个投资者，应该不断地寻找相对于风险有更高回报的机会来进行投资。如一旦出现收益前景更好的股票，就应该果断地卖出一个稍微有点低估的股票，即使亏了钱，也没有什么可惜的。

（3）投资组合是否合理。这或许是最好的卖出理由，它意味着投资者做对了并选择了赚钱的股票。当一只股票上涨到占投资组合很大比重的时候，投资者也许会考虑卖出一部分该股票以获得利润。但不管怎样，关键是不要让贪婪影响你对投资组合的管理。

如果一只股票原本只占投资组合的 10%~15%，但它在过去一段时间内股价不断上涨，已经占到投资组合 30%~40%。在这种情况下投资者就应该考虑卖出一部分该股票以实施投资组合的再平衡。

其实，这个道理很简单，也就是我们经常所说的"不要把鸡蛋放在同一个篮子里"。

（4）买入的股票是否错误。一个投资者，即使在股票研究方面已经花费过无数的心血和精力，也有可能会犯错，例如，巴菲特和彼得·林奇这样伟大的投资者也都犯过投资错误。

所以，当买入一只股票后，如果发现是错误的，即有问题的关联交易、变更的会计方法和下降的竞争优势等，就应该考虑卖出，即使卖出意味着损失。

（5）正确判断哪些股票不能卖。对投资者而言，在判断是否应该卖出股票的同时，如果手中持有 K 线图上连续出现长下影线的股票、日分时中经常出现脉冲式上攻，但往往又主动回落的股票，盘中经常出现大笔卖单挂出，但股价却未见明显下跌的股票、盘中经常出现买盘上挂出大单，但随即被打掉的股票等，就应该持有观望一段时间，而不应该马上卖出。

总之，投资者应该注意的是，每只股票可能都有不完善之处，持有时不可过于乐观，只有通过理性的研究分析，才能正确地卖出。另外，投资者还应该注意的是，在最高点卖出只是奢望，故不应对利润的不圆满过于介怀，以免破坏平和的心态。

选择正确的获利卖出时机

被投资者奉为大师的戴若·顾比曾明确表示："股市上除了赢家就是输家，不要担心丢面子，股市每天都有机会，即使今天亏钱，明天也有可能赚回来，很多人不能赚钱，就是因为他们不知道在合适的时候卖掉股票。"

一般而言，买对股票只相当于刚刚踏上股票投资的征程，接下来不仅需要密切跟踪股票，最重要的是在股价大幅上涨之后如何卖掉股票。也就是说，选择有潜力的股票、把握最佳的股票买入价格固然重要，但是股票卖出的时机可能是投资盈利最为关键的一环。

所以，选择正确的获利卖出时机同样至关重要。如果买了好的股票，未能选择好的卖出时机，你之前所做的一切努力都有可能成为"无用功"，将会给股票投资带来诸多遗憾。

（1）当市场心理倾向于买时要卖。杰克·卓法斯曾说过："当每个投资人都很乐观，开始鼓吹亲朋好友买股票时，其实这些人只能嘴上煽动他人，自己却无法再将行情向上推升，这时最好赶快卖掉股票。"

这种行情变得热络的现象主要表现为：当散户大厅人山人海，进出极不方便的时候；当周围的人都争相谈论已经挣了大钱的时候；当市场上所有投资者都试图拥有该股票的时候；当一只股票在逐渐攀升100%甚至更多以后，突然加速上涨，而且股价在1~2周内上涨40%左右的时候；当大型股评报告会人满为患的时候；当证券交易所工作人员服务态度极端不好的时候等；以上现象出现时，市场已在顶部或是顶部区域，一般股价很难继续上升，因为没有人愿意以更高价买入。此时，投资者应赶快卖出，否则为时已晚。

所以，投资大师巴鲁克也曾明确提出："随着股价的飞涨，人们已经忘记了'二加二等于四'这种最基本的东西，甚至华尔街擦皮鞋的小孩都开始向我推荐股票，令我不得不相信该是脱手离场的时候了。"

（2）当股价出现特殊情况时要卖。

1）当一只股票股价开始大幅上涨，而且机构投资者争相买入该股，以抢在竞争对手之前，从而使其成交量大幅攀升时，投资者就要考虑卖出了。因为在一个较长时期的上涨后，虽然股价会不断创出新高，但股价上涨的动力却开始逐渐减缓，并且成交量也会随之由大幅攀升转为下降。此时，一系列缩量上涨的现象往往预示着反转，供给开始超过需求，最终卖压越来越大。这个时候很少有机构投资者愿意再买入该股，所以投资者在此时应该及时卖出。

2）当股价在长期下跌趋势中产生的中期反弹已上涨了跌幅的50%左右，市场交易开始兴旺，成交量开始逐步增大，而且连续出现几根较大的阳线，或股价在中期上升趋势中出现连续阳线或跳空上升形态时，投资者应该考虑及时卖出。

3）当股价在长期下跌中反弹并形成整理形态，而且继续向下突破这一整理形态并加速远离股价，或经过长期上升，计算出的市盈率已经达到高价圈，股价走势图上形成明显的反转形态并向下突破颈线，开始远离这个反转形态时，投资者应该考虑立即卖出。

4）当股价在上升趋势中出现反转，或连续拉出几根阳线之后出现反转，或股价向下突破上升趋势线，收盘价跌幅超过上一个交易日收盘价的3%以上时，是投资者考虑立即卖出的时机。

（3）当一只股票突破最新失败平台时要卖。相信每一个投资者都知道，股市的走势就像春夏秋冬四季变化，是一个不断交替循环的过程。所以，任何一只股票也同样经历着快速上涨和构筑平台的交替变化，而且构筑平台的时间越长，股价上升的幅度越大。但这也存在着股价见顶的可能。

通常，股价见顶时，盈利和销售增长情况非常好。因为股价是反映未来的，所以股价将在公司增长迅速放缓之前见顶。然而，如果此时有较大的不利消息出现，而且预计该消息将导致最新平台构建失败，投资者应迅速卖出股票。

（4）当中阴线出现时要卖。如果是大盘或个股，一旦跌破了大众公认的强支撑，而且当天出现收中阴线的趋势时，投资者应该赶快卖出。也就是说，无论在哪种情况下，只要见了中阴线都应该考虑出货。

总之，无论是作为新股民，还是一个老股民，都不可能买在最低，卖在最高。股市里的钱是赚不完的，只要抓住合适的获利卖出时机，赚钱卖出永远都是正确的。

第二十七章　新股民实用卖出方法

股票的买入和卖出是股市操作的两个基本环节，股票市场上常有这样的说法："会买的不如会卖的。"要保住胜利果实，应该讲究出货的技巧。

新股民始终是股市中的弱势群体，是被股市主力弱肉强食的对象。茫茫股海，没有能够保证永远获胜的诀窍，同样的技术由不同投资者运用也会产生截然不同的效果。下面介绍几种实用的卖出方法，希望能为投资者提供一些参考。

定点了结法

"股道非常道"，股价的波动往往能够出现让股票专家"跌破眼镜"的情况，更何况"初来乍到"的普通股票投资者。对此，一些投资者选择了使人少伤脑筋的卖法——定点了结，即股价升到某一点时便抛出所持股票。比如，某投资者购入一只 100 元的股票，定点获利为 50 元，当股价涨到 150元时，不管还涨多少，即行了结。

卖出时可根据实际情况，如果股票数量多，了结点可以定出一个幅度，采取分批卖出，卖点需要在购入之初做出计划。

当然，定点了结的这个点不是随便确定的，而是要综合分析各种因素之后，找出一个适当而不失保守的价位，作为卖出的目标。需要综合分析的因素包括：社会经济的主体趋势、上市公司的信誉、本益比等。

定点了结法的优点在于使投资者不必为估测股价的高点而伤脑筋。其实，就连资深专家也难以估测股价的最高点。采用这种方法，可能为投资者带来更多收益的机会，但是贪念之心不可有，只要"留得青山在"就"不怕没柴烧"，只要保住成本和已得的收益，盈利的机会还有很多。避免有朝一日价格暴跌，后悔莫及。

股市中容易使人误入歧途的就是贪念，原本希望股价上升到 20 元，上升到 20 元后，又想会不会继续升呢？结果错失了卖出的良机。而定点了结法这种投资操作技巧，就坚持了"切忌贪念"和"相对有利"的原则。贪念让人患得患失，导致操作紊乱，坐失良机，甚至赔本。"相对有利"应该作为投资者的投资哲学，只要实现了自己的投资决策的目的，就要果断脱手，绝不要无限期地惜售。只要能在购进时占得先机，获利的机会就会来得很快。

分批了结法

分批了结法。简单地说，就是当股价上扬到一定高度时，投资者不一次卖光手中股票，而是将股票分批卖出。这种做法是在投资者自己判断力较弱时，对定点了结法的补充。

"分批了结法"主要分为两种，即"定量分批了结法"和"倒金字塔出货法"。

一、定量分批了结法

定量分批了结法是把手中持股平均分为几个等份，随着股价上涨，每次上升一个固定价格，就卖出一部分股票，直到全部卖出为止。

例如：某投资者持有某种股票 10000 股，成本是每股 10 元，预定初卖点是 20 元，一批卖 2000 股，以后每升 2 元卖一批，这样就是 20 元卖 2000 股，22 元卖 2000 股，直卖到 28 元。

定量分批了结法，必须以大势分析为依据，有明确的定量计划，切忌凭手头股票或资金的多少，或一时的市场感觉临时决定买卖点。

二、倒金字塔出货法

倒金字塔出货法是每批出手的股票数量由小而大呈倒金字塔形。以赚取更多的差价收益。假定当价格上涨到每股市价 20 元时，投资者认为价格在上涨一段时间后会出现下跌，因此，就采用倒金字塔卖出法先卖出 1000 股，当股价升至 24 元时，又卖出 2000 股，又过了几天，股价涨至 26 元时，卖出 3000 股，涨至 28 元时则全部卖出。倒金字塔卖出法的优点是能在人气旺盛的时候售出股票。股票出手容易，既能获得较好差价，又能减少风险。

显然，如果价位一直攀升，采用倒金字塔出货法，获得较分批了结法大，优点在于能在人气旺盛的时候售出股票。股票出手容易，既能获得较好差价，又能减少风险，但是所承担的高位变动风险也相应增大。

分批了结法是基于克服投资者优柔寡断的弱点应运而生的一种卖出方法，投资者的愿望是能够在最低价买进，而在最高价卖出，但是真正能实现这个良好愿望的投资者为数不多，通常发生的情形是，在股价上涨到应该售出时，投资者认为股价还会上涨，直到等到股价下跌，不仅卖不出期望的价格，这时的股票甚至难以脱手。而在股价下跌到可以购进时，投资者认为还会继续下跌，坐失了良机，等到股价反弹上来，又追悔莫及。

分批了结法弥补了由于涨价幅度判断不清而可能造成的利润减少，但股票出手过程拉长，就要承担股票在高价位变动的风险。

分批卖出克服了定点了结法选择一个时点进行买卖的缺陷。由于分批了结法采取多次卖出，所以当股价涨至某一高点时，投资者不会因贪心而舍不得卖出，即使股价继续上涨，投资者仍能通过不断卖出获利，因而不会坐失良机。

分批卖出的时机通常需要配合相对强弱指标共同确定，当相对强弱指标达 80 以上时，表明该股票的价格已处于高价位，下跌的可能性很大，此时应毫不犹豫地将所持股票分批卖出。

因时制宜法

这种方法是要根据股市不同的时期，用不同的方法卖出股票。这需要准确把握住股市的行情，做出适当的选择。

一、跌市初期

个股股价下跌得不深、套牢不严重的话，立即斩仓卖出。这考验的是投资者是否具有果断的心理素质，能否当机立断。投资者只有及时果断地卖出，才能防止损失进一步扩大。若等到股价深幅快速下跌后，再恐慌地杀跌止损，所起的作用极为有限，这时股市易出现反弹行情。所以投资者应该把握好股价运行的节奏，趁大盘反弹时卖出。

二、在大势持续疲软时

此时如果出现异常走势应坚决卖出。个股出现异常走势意味着该股未来可能有较大的跌幅。例如在尾盘异常拉高的个股，越是采用尾盘拉高的动作，越是说明主力资金已经到了无力护盘的地步。

三、当股市下跌到某一阶段性底部时

此时可以采用补仓卖出法，即先停损了结，然后在较低的价位时予以补进，如果股价离投机者买价相去甚远而强制卖出，往往损失会比较惨重。投机者可适当补仓后降低成本，等待行情回暖时再逢高卖出，以减轻或轧平上档解套的损失。这种卖出法适合于跌市已近尾声时使用。因为这时股价离当初的买价相去甚远，如果强行卖出，损失往往会较大。而适当补仓可以降低成本，等待行情回暖时再逢高卖出。这种卖出法适合于跌市已近尾声时。

例如，某投资者以每股 70 元买进某股。当市价跌至 68 元时，他预测市价还会下跌，即以每股 68 元赔钱了结，而当股价跌至每股 64 元时又予以补进，并待今后股价上升时予以沽出。这样，不仅能减少和避免套牢损失，有时还能反亏为盈。

这种投资法的优点在于，如果错过了最佳的止损时期，可以用此种方法进行补救。但此种方法同样需要投资者对投资环境有一定的确认能力，必须能够确保整体投资环境尚未变坏、股市并无由多头市场转入空头市场的情况发生。否则，极易陷入愈套愈多的窘境。

这种方法对投资者有一定的技术要求，需要投资者能够对基本的行情做出推断，并有一定的预见性。

弃弱择强法

弃弱择强法是指投资者在发现手中所持股票优势明显转弱时，应立即忍痛将手中弱势股抛出，并换进市场中刚刚发动的强势股。

此种方法的优势在于至少短期内可以通过涨升的强势股的获利来弥补其套牢所受的损失。其实，如果不想操作上过于慌乱，跟随市场上升阶段走势是最为安稳可靠的。

弃弱择强，需对强势股仔细分辨，仅仅依据成交量是不够的。在弃弱择强的过程中，如果选择了短期强势股，有时会陷入换股操作、越换越错的困境。所以选股时要注意其中长期趋势，如果股价能够在中长期顺利上行，说明会有强劲的资金支持，因此股价仍有不断上升的空间。弃弱择强法适合在发现所持股已为明显弱势股，短期内难有翻身机会时采用。

不卖不赔法

当股票被套牢后，只要尚未脱手，就不能认定投资者已经亏损。如果投资者手中持有股票为品质良好的绩优股，而整体投资环境并未恶化。股票走势仍未脱离多头市场，可不必为一时套牢而惊慌失措，此时应采取的方法不是将套牢股票和盘卖出，而是继续持有股票以不变应万变，静待股价回升解套。

卖股票从心理角度讲，永远是一件让人痛苦的事情。股价大幅上升的时候，投资者觉得还能赚得更多，如果卖了就没有获取更高利润的机会了。股票下跌甚至亏损比较严重时，卖出更让人难受，因为已确认成为实实在在的亏损。所以投资者应该明白卖出是为了避免更大的亏损这一基本观点。

值得注意的是，股票波动的现象多种多样。投资者在运用卖出策略时，必须谨慎选择，灵活运用。当卖出时机来临时，就要坚决卖出。不求卖得高明，卖出水平，只求卖得正确，卖得及时！

第二十八章　新股民获利操作要点

长期股票交易的绩效不佳，买卖股票屡屡被套……这些似乎已经成为股市中司空见惯的现象，但导致投资失败的根本原因并不在于投资者的具体操作，而是在于投资者的观念和天性中固有的祸根。

在股市投资中，无论是预测、分析、判断、决策，还是学投资技巧、实际操作等，都离不开健康的理念和理性思维的引导。所以，掌握正确的思维方式和心态尤为重要。

快乐炒股，快乐赚钱

炒股的人喜欢将简单的问题复杂化，其实越简单越好。股市奇才巴菲特每年的收益率只有20%左右，但几十年坚持下来却成了世界首富。巴菲特有句名言："最赚钱的股经最简单。"

有人曾做过一个试验：一个小学毕业生与一位华尔街投资高手进行比赛，看谁最后会成为股市赢家。结果出人意料，华尔街的顶尖操盘手竟然让小学毕业生打败。

虽然这个故事向我们证明了，即使华尔街高手也不可能百战百胜，但他之所以输给小学毕业生的根本原因，也绝对不会是因为知识匮乏，而是因为心态的问题——将简单的问题复杂化。

由此可见，心态在股市无比重要，只有努力保持一种平和的心态，才能把自己的心里感觉调整到最佳，才有可能客观地分析各种股市信息。俗话说，即使种一棵树苗，也要等十年后才能长成大树，操之过急，欲速则不达。

其实，炒股是可以快乐着的。中国有句古话叫作"知足常乐"，人在股市要保持一份快乐的心情。股市里有赚不完的钱，但也有亏不完的本。所以，当我们来到股市的时候，我们应该为自己的获利而高兴，而不应该去为没有卖一个最高价而后悔，也不应该为自己没有捉到一只黑马而难过，更不应该去为自己的利润率没有达到大盘的上涨幅度而斤斤计较。

如果我们始终责怪自己没有赚到更多的钱，或者始终认为自己原本可以赚到更多的钱的话，那么，你就只能在股市里进行搏杀，纵然是大盘已达到最佳获利点，你可能还在寻找翻番的黑马，那么你就真的犹如在战场上搏杀一般，哪里还有快乐可言？

投资者想要在风起云涌的股市中抓住机会，获取最大的利润，最重要的是具有良好的心态，快乐赚钱的心态。米卢曾主张快乐足球、杨振宁曾主张快乐学习、我们则主张快乐炒股。美国最伟大的发明家之一托马斯·爱迪生曾经说过："在我一生中我没有做过一天的工作，都是为乐趣而做的。"

炒股如同做学问，沉浸其中，感觉到快乐为第一。读书读得异常辛苦者未必有所成，快乐学习者却常常事半功倍，做任何事情，能够享受到过程的愉悦，在追求目的中得到幸福感才是最高境界。中国人往往稀缺这种幸福感，在求学、工作乃至许多刻意追求结果的活动中，人们不仅享受不到过程的乐趣，反而总和苦字结下不解之缘。炒股亦是如此，时时刻刻关注着股票指数，却没有注意自己投资过程中的"快乐指数"是多少？

无论是牛市还是熊市，很多投资者往往就像上了弦的箭，神经总是紧绷着，从而使炒股在不知不觉中掌握了对生活的"控制权"。此时，投资者已不再是为了生活幸福而炒股，而是炒股决定着自己的生活是否幸福。那么，完全被股票指数左右的人生怎么能有幸福、快乐可言？在生活中，无论什么指数都没有快乐指数重要，因为它往往决定了你今后需要支出多少医药费，甚至决定你生命的长度。

其实，作为一个股民，在初入股市的时候，就不应该为自己添加任何压力，如利润计划、还款压力等。但是，由于股民们在股市里待得久了，不能正确地摆正自己的位置，特别是对利润的追求过于贪婪，致使炒股的过程充满了压力。而一旦招致损失，心中也就充满了痛苦。而要摆脱这种痛苦，就必须学会轻轻松松、快快乐乐地炒股票。

然而，不可否认的是，股市确实是一个斗智斗勇的地方，是一个弱肉强食的地方。特别是对于那些小资金、新股民来说，稍有不慎，其损失甚至可以摧毁一个人的生命。但是我们更应该看到，股市还是一种游戏，是一种新股民与老股民的游戏，是一种散户与庄家的游戏，是一种散户与大户的游戏，是一种投资者与上市公司的游戏，是一种行情与政策的游戏。那么，既然是一种游戏，作为投资者，为何不玩得开心一些呢？

快乐原则才是理财的最简单，也是最根本的一个原则。做股民要围绕着"以人为本"的原则才是最科学合理的。没钱人希望通过炒股富起来，有钱人想通过炒股让钱再生钱，拥有更多的财富。人人都想在炒股中快速富起来，让自己过上快乐的生活，但伴随而来的却不是快乐而是痛苦。几年来，有多少人在股市血本无归，也带给他人很多痛苦。

所以，首先要考虑炒股能否带给自己快乐，否则没有任何意义，这是体现以人为本的最本质的原则。只有当心灵与物质的财富价值并驾齐驱之时，你才会感到自己打理人生财富的快乐和幸福。

正因为如此，成功投资者常常满足于自己的收益水平，也正是这种满足，使他们在股市中一次次地回避风险、获取收益。可能成功的投资者并不是一个获利丰厚的股民，但是他们却是一个快乐的股民，是一个不可消灭的股民。

因此，无论股票是大涨还是大跌，有一样东西永远都不能变，那就是良好的心态——大涨的时候不贪婪，大跌的时候不恐慌，投资者获利的宗旨永远是：坚持快乐炒股，快乐赚钱。

知识第一，利润第二

在股票交易市场获得胜利有三种主要的因素：头脑、方法和资金。这三者都很重要，缺一不可，但是最重要的是头脑。因为一个胜利者的成功更多的是由头脑的素质所决定，而并不取决于方法或资金。

如果有人问："是什么原因造成了一个人买了某种股票而获利，而另一个人买了同样的股票却亏损？"很简单，区别就在于一个人头脑中是否储备了大量的必备知识，而不是因为这个人获得了多少利润。

托夫勒在《未来的冲击》一书中曾这样写道："我们现在生活在一个为我们提供了无限机会的年代，传统的作用对我们的影响越来越小，我们无论年龄的大小，都面临无数条新的路径。但是，为了跟上快速变化的时代，你必须保持警觉，必须不断学习知识，生活在好奇心和奇想之中，维持自己学习的愿望。"

"知识就是力量"，这句古老的话语不仅在悠久的历史长河中验证了它犹如原子弹爆炸产生的百万级的能量，而且在新时代仍然放射出它的夺目光彩，当它被组织成具体的行动计划并引向具体的目标时，就会散发出巨大的潜在力量。

一个投资者，如果能够不断从各个方面汲取养分，能够不断用知识补充自己的大脑，再按照自己的个性和需要去设计适合自己的投资分析方法，必将成为一个成功的投资者。

基于资金安全的考虑，唐先生决定把预期投入的 20000 元先投一半，另一半看看再说。3 月 23 日正好是星期五，他看中一只股票，买了 1000 股。由于周末不开盘，他战战兢兢地度过了两天。周一开盘，他发现涨了很多，接下来两天该股票连续上涨，他盈利 3000 多元。"呵呵，炒股很简单呀！当初要是多买点就好了，"唐先生心里想。星期三一早，他又追买了 500 股。可买完后，他发现大事不好，开始跌了，并且越跌越厉害。看着逐渐减少的盈利，赶紧在一个低价位上卖掉了 800 股。这样一折腾，原本 3000 多元的盈利还剩下不到 1000 元。这时，他赶紧买了一些书进行"知识充电"，基本了解了股市上一些常识性的东西。随后的操作中，在基本面良好的情况下，他坚持高抛低吸，到 5 月底，唐先生的账面上已经盈利近 1 万元了。

知识第一，利润第二。无论是取得千百万元利润，还是几元利润的投资者，如果想从市场上获利，就必须投入大量的时间、精力去学习。

如今，由于时下股市的异常火暴，众多新股民已经如潮水般地向股市涌入。但是，他们不仅缺乏一些基本的投资常识，也缺乏基本的投资技巧，更缺乏正确的投资理念，同时还缺乏必要的风险意识。

有些投资者在股市里赚钱了，却不知道自己为什么能够赚钱；有些投资者在股市里亏损了，也是亏得稀里糊涂、不明不白。所以，投资者必须在股市里树立正确的投资理念，并且还要不断学习大量的股票知识，以知识为第一，只有这样，才能在股市中不断获利，逐渐变得强大起来。

华尔街的传奇炒家江恩在他的分析理论中着重分析了价格和时间的周期性关系，江恩引用《圣经》中的名言："已有的，还会有；已做的，复去做。阳光之下没有新的东西。即使我们会说，看呀，这是新的，它却早已存在我们之前的年代。"当他开始在为客户和自己炒作的时候已经认识到：所有成功的人士，在开始赚钱以前，都对自己特定的职业和追求进行了多年的学习和研究。

所以，江恩决定花 10 年的时间研究应用与投资市场的交易法则，并将全部精力投入到投机这一职业中。最终，经过不断的学习，经过对以往所有的股票、市场的交易记录和华尔街的大炒家的操作方法的研究，江恩总结出了一套以自然规则为核心的交易方法。

知识是首位的，利润应该是为学习更多的知识服务的，精明的交易者会确保他们想获利的愿望让位于他们想知道的愿望。那些追寻知识的投资者，虽然会损失现在的利润，但却会发现最大的利润在不远的将来等着他们。当确保知识是第一位的时候，丰厚的利润会随之到来，而且是实实在在的、可信的、持久的。

因此，投资者必须以自己所能做的任何形式去追寻知识和理解知识。

勿把股场当赌场

战场有胜有败，赌场有输有赢，股场有亏有赚。因此，有些投资者便顺水推舟，顺理成章地把股场与赌场画上等号，带着赌博的心理来参与股票市场的投资，把股票投资等同于赌博。

这种投资者赌博的心理动机要强于投资的动机，总喜欢拼运气博短差，恨不得捉住一只或几只好股，好让自己一本万利，一夜暴富，总寄希望于投资一次股票后就成为百万富翁。

而且他们常常会做出孤注一掷的举动。他们一旦在股市投资中获利，多半会被胜利冲昏头脑，失去理智，像赌棍一样频频加注，恨不得把所有的资金或身家性命全押在股市上，甚至不惜借贷资金。而当自己在股市上失利时，又往往会输红了眼，不惜在市场拼死一搏、背水一战，把资金全部投在股票上，结果多半是落得倾家荡产的下场。

由此可见，具有赌博心理的股市投资者，总是希望能一朝发迹，但事实上这种心理是错误的。因为股票市场更多的是教你如何去做人、如何提高自己的判断能力，这才是提高自身素质的教堂。

股市的特点就是高风险、高收益，如果你进股市只是希望在这里赚点钱，如果你只是以赌博心理投资购买股票，把这里当成赌博场所，肯定很难获利，而且还可能会被股市的高风险所击倒，最终还要将你的本和利一起赔出去。

因为股场毕竟不是生产性领域，而是一项最本质的投资游戏，也就是说其本身并不产生利润，其实质是有人大赚必定有人大赔。此外，公司上市需要从股市里拿钱，国家需要印花税，券商需要佣金来养活，而这些钱都需要股市来承担，这也就决定了只有大多数投资者赔钱才能够让这个游戏继续下去。

股市远比赌场可怕，风险也远比赌场大。所以说，你要想在股市中长久生存，就必须保持一颗平常心，冷静分析、谨慎投资。

总言之，投资股票在某种程度上就是与人性的弱点博弈的过程。以赔赚为中心、为标准去投资股票的人往往赚不到钱；相反，不以赔赚为标准，而以涨跌的节拍为标准去投资，则能使你在股票上涨时，赚得盆满钵满，即使下跌时出现险情，也能够及时出局避险，最终必然会使你的资金大幅增值。

股票市场不是赌场，走向成功炒股的这条道路是艰辛而漫长的。建议投资者不要赌气，不要晕头，要分析风险，建立投资计划，不仅需要学会炒股的基础知识，战胜股市的外在环境对股民自己心理的影响，还要战胜自己，克服股民人性中与生俱来的恐惧、希望和贪婪，并逐渐养成健康、正确的股市心理和思维习惯。

第八篇

股市赢家操作策略

第二十九章　股市赢家操作策略

安德烈·科斯托拉尼大师的交易策略

安德烈·科斯托拉尼于 1906 年出生在匈牙利，13 岁跟随家人移居维也纳，之后便开始研究欧洲各种货币的不同变化，从而展开了他绚丽的投机人生。在 35 岁时，赚得一生用不完的财富。但是由于精力充沛，他不甘心就此退休，于是开始了他人生的第二次事业，成为财经杂志专栏作家，并供稿给德国经济评论杂志——《资本》长达 25 年之久。与此同时，他还出版了 13 本畅销著作。

20 世纪 70 年代，他开始在德国和世界各大都市的咖啡馆中讲解股市知识，并不断教导投资者："要想在股票市场上成功，不是靠计算，而是靠思想，用脑子思想。" 上至王公贵族，下至贩夫走卒，都是他的忠实听众。于是投资者给科斯托拉尼冠上一个新的头衔——股市教授。

可是，对股市进行投机并不简单，科斯托拉尼认为："投机者就是高智商、有头脑的交易所投机手。他能正确预测经济、政治和社会发展的动向，并能设法从中盈利。但交易所里的人群中没有几个好榜样，绝大多数交易所参与者都不经思考，只是慌乱地在交易所跑来跑去。"

安德烈·科斯托拉尼说："人们可以在交易所赚钱，甚至赚很多，可以变富；但也会赔钱，赔很多，可能破产。但是人们不能把交易所看做是工作、挣钱的地方。"

在科斯托拉尼看来，目前蜂拥加入炒股大军的小股民们是交易所的小投机手。当股市震动或下跌时，投机手迟早会破产。他们表现得就像一位从一张桌子跑到另一张桌子的轮盘赌的赌徒。安德烈·科斯托拉尼说："在我80年的交易所生涯中，我还没认识一位能长期取得成功的交易所投机手。"

一、进入投机手的行列必须遵从的原则

（1）有主见，三思后再决定是否应该买进；

（2）要有足够的资金，以免遭受压力；

（3）要有耐心，因为任何事情都不可预期，发展方向可能和大家想象的不同；

（4）如果相信自己的判断，便必须坚定不移；

（5）要灵活，并时刻思考，找到想法中可能存在的错误；

（6）如果看到出现新的局面，应该卖出；

（7）不时察看购买的股票清单，并检查现在还可买进哪些股票；

（8）只有看到远大的发展前景时，才可买进；

（9）考虑所有风险，甚至是不可能出现的风险，也就是说，要时刻注意意想不到的因素。

二、投资者必须做到"十不要"

（1）不要跟着建议跑，不要想能听到秘密信息；

（2）不要相信卖主知道他们为什么要卖，或买主知道自己为什么要买，也就是说，不要相信他们比自己知道得多；

（3）不要想把赔掉的再赚回来；

（4）不要考虑过去的指数；

（5）不要躺在有价证券上睡大觉，不要因为期望达到更佳的指数，而忘掉它们，也就是不要做决定；

（6）不要不断观察变化细微的指数，不要对任何风吹草动做出反应；

（7）不要在刚刚赚钱或赔钱时做最后结论；

（8）不要只想获利就卖掉股票；

（9）不要在情绪上受政治好恶的影响；

（10）获利时，不要过分自负。

一代金融大师，安德烈·科斯托拉尼的思维在现在投资者看来依然可用，当整个市场处于低迷状态时，机遇极有可能就会出现在你的面前。当整个市场处于活跃状态时，你就应该坚信自我，别盲目地跟随大众，因为市场上永远只有少数人是正确的。

迈克尔·莫布森带来的投资成长股"十诫"

如果有一家公司起步初期总市值只有 2.2 亿美元，而短短几年内总市值超过了 230 亿美元，这家公司算不算我们眼中的牛股呢？

如果有一家公司上市时每股股价为 85 美元，在随后的发展过程中每年以不低于 20%的增长率成长，几年后股价每股涨到了 400 美元，这只股票在我们眼中算不算牛股呢？

这两只股票的成绩正是星巴克公司与谷歌公司的发展历程。而这两种我们不容易买到的股票在上市初期就曾被同一个人看中，而且被大量买进。此人不是股神巴菲特，而是拥有当代"顶级投资大师"之称的迈克尔·莫布森。

看到迈克尔·莫布森的成绩后，我们还会对他的炒股理论有所怀疑吗？我们是否想知道迈克尔·莫布森大师是如何把握机遇，如何拥有独特眼光在嘈杂的股市中一眼发现闪光的金子呢？

迈克尔·莫布森曾著作过一本《下一只大牛股》的作品，其原名为《寻找下一个星巴克》。T. Rowe Price 金融集团的高级副总裁杰克·拉波特如此评价：迈克尔的这本书充满了对投资成长型股票的真知灼见。

然而，在这本书中，迈克尔·莫布森重点推崇的内容并不是寻找潜力股、成长股的方法，而是投资成长股的十大戒条。迈克尔·莫布森认为，一位股民如果只在意如何获取外界利益是无法成为合格股民的，而且必定会付出惨痛的代价用作学习。

一位合格的股民首先需要学会的应该是如何自律，应该熟知股市的规则，应该让自己和股市融为一体，如此才能够最敏感地感觉到股市的变动，才能够抓住股市中的机遇。

迈克尔·莫布森投资成长股十大戒条：

第一，要把基本原理搞清楚，收益的增长推动股价的增长。从长远来看，一个企业的表现与其股票的表现有着 100% 的联系。因此，要重点关注增长最快的企业。

第二，要主动出击，而不是被动回应。要往前看，只有预测世界的发展方向才能尽早找到赢家。

第三，要谨慎，但不要僵化。要查看企业的资产负债表以确保其有足够的现金支持你的"瞬间"决定。

第四，要敢于承认错误。一定要诚实，要看到事实而不是靠希望和想象。

第五，蟑螂理论，一个房间里不会只有一只蟑螂。因此你发现企业的一个问题，就要知道背后还有一连串的问题。

第六，投资的想法来自于信息和洞察力，信息贵在能够独享，洞察力贵在能够了解信息的含义。

第七，4P 理论。4P 就是考察企业的 4 个方面，包括员工（people）、产品（product）、潜力（potential）和可预测性（predictability）。

第八，对于投资的每只股票都要有 5 个独立的信息源。

第九，弄清楚股价涨跌的主要原因。

第十，也是最重要的一点，投资过程要有热情，但是对待投资要冷静，股票没有情感。

这十大戒条或许不能帮助我们成为沃伦·巴菲特或彼得·林奇一般的传奇人物，但是对于一介新股民而言，投身股票事业这十大戒条绝对是我们必备的炒股知识。

迈克尔·莫布森认为，找最好的股票其实就是在寻找拥有良好发展前途的企业。一家企业无论上市时声势造得如何，都不是购买的重要凭证，这家企业的发展势态如何才是我们应该重点思考的问题。

2014 年阿里巴巴美国上市成功，马云因此成了名副其实的亚洲首富，而且据美国财经媒体报道，马云 2014 年平均每分钟盈利 21.8 万元，成为这一年超越巴菲特全球赚钱最多的人。

马云的这一举动影响了整个股市的发展势态。很多人开始疯狂购买阿里巴巴的股票。然而在 2015 年 1 月，马云又爆出了对阿里巴巴发展的担忧："容易做的我们都做完了，今后留下来的都是不容易做的。"

这则言论爆出后，阿里巴巴的股民开始担忧，随后的日子里股票如何变化？阿里股价是否会出现下跌的趋势？

事实上，这些担忧完全是多余的。从企业发展的角度来衡量股价变化，一家企业的领导者如何可以时刻发现当前的不足？对于企业发展而言，难道这是一件坏事吗？就阿里公司多年的发展形式而言，马云面对的挑战还算少吗？

美国股民对阿里公司的股票是如何评价的？简单两个字，牛股。

因为阿里公司刚刚在美国上市的时候，这些股民对阿里公司并不是足够了解，所以他们对阿里公司发展的关注要多余大盘的变动。在这段时间里，美国股民充分透析了阿里公司的内部情况，并且根据阿里公司的现状预测了未来的故事变动。这也是为何马云可以在 2014 年美国上市后获得良好成绩的重要原因。

回头我们再来看一看迈克尔·莫布森大师为我们提出的十大戒条，你还会觉得这十大戒条过于笼统，过于表面吗？或许这十大戒条我们不能全部用到，但是只要我们把握住与自己关系最密切的重点，将会为我们的炒股生涯提供巨大的保障。

彼得·林奇先生曾这样说过："如果操作得当，投资成长型企业会带来很好的回报，但这不是赌博或投机，你需要做很多工作。《下一只大牛股》对在这方面如何做得更好提供了系统的指导。"

作为移民新股民，现在，我们是否能认真对待这既可确保炒股安全也可以促进我们成长发展的十大戒条了呢？

股神巴菲特带给股民的诀窍与警言

　　股神，沃伦·巴菲特是当代当之无愧最成功的资本投资人。据《福布斯》杂志统计，他的个人财富目前在 500 亿美元左右，稳居全球富豪榜前 3 位。与其他资产超百亿美元的富豪相比，巴菲特最大的不同之处是他从来不涉及创新性技术开发领域，或者实体生产企业，而是单纯依靠自己的投资大脑，利用资本增值获利。这也是巴菲特被誉为"全球最伟大投资人"的原因。

　　想必无论对于新股民还是老股民而言，巴菲特都是我们心中永久的偶像，是脑海中的传奇人物，令人感到惋惜的是这位当世传奇人物却从未创作一本著作，用以让世人感悟。为此很多人都梦想股神可以将自己的经验与众人分享，希望可以从股神的点滴话语中获取一些点悟。

　　事实上，巴菲特没有著作作品的原因并不难理解。当一个人从小开始将全部身心投入到某一领域中，并将自己随后的全部精力用于事业的发展后，他的确不愿再分心涉及其他工作，所以说，著书对于股神而言是一种时间的浪费。

　　巴菲特从 11 岁开始购买股票，26 岁开创"巴菲特有限公司"，34 岁累积 400 万美元的个人财富，掌管投资资金 2200 万美元。要知道，这一数目在 1956 年是多么的惊人。

　　而获得这一壮举仅一年后，1965 年巴菲特又收购了一家名为 Berkshire Hathaway 的纺织企业，这家企业在 30 年后发展成为了巴菲特最初的投资帝国，当年这家公司已经拥有了 230 亿美元的运作资金。

　　今日，虽然巴菲特已经"退居二线"，但是其"当代投资行业第一人"的称号依然无人撼动，这位 80 多岁的老人对于所有股民而言如同股市中最大的保障，他的投资理念被誉为金融界的《圣经》，而投资的理论更被视为股市中的原则与戒条，虽然巴菲特未曾著作书籍，但是通过一些采访与谈话，他用自己的方式向世界上所有的投资者分享了自己经典的投资思想。

现在我们一起来分享一些巴菲特采访的经典集合，看一看股神是如何看待投资与股票的。

问题：有传闻说，你成为长期资金管理基金的救场买家，你在那里做了什么？你看到了什么机会？

巴菲特：在最近的财富杂志上的一篇文章里讲了事情的始末。有点意思。那是一个冗长的故事，我这里就不介绍来龙去脉了。我接了一个非常慎重的关于长期资金管理基金的电话。那是四个星期前的一个星期五的下午吧。我孙女的生日 Party 在那个傍晚。在之后的晚上，我将飞到西雅图，参加比尔·盖茨的一个 12 天的阿拉斯加的私人旅程。所以那时我是一点准备都没有的。于是星期五我接了这个电话，整个事情变得严重起来。在财富的文章发表之前，我还通了其他一些相关电话。

我认识他们，他们中的一些人我还很熟，很多人都在所罗门兄弟公司工作过。事情很关键，美联储周末派了人过去。在星期五到接下来的周三这段时间里，纽约储备局导演了没有联邦政府资金卷入的长期资金管理基金的救赎行动。我很活跃，但是那时我的身体状况很不好，因为我们那时正在阿拉斯加的一些峡谷里航行，而我对那些峡谷毫无兴趣。船长说我们朝着可以看到北极熊的方向航行，我告诉船长朝着可以稳定接收到卫星信号的方向航行。

星期三的早上，我们出了一个报价。那时，我已经在蒙塔那了。我和纽约储备局的头儿通了话，他们在 10 点会和一批银行家碰头。我把意向传达过去了，纽约储备局在 10 点前给在怀俄明的我打了电话。我们做了一个报价，那确实只是一个大概的报价，因为我是在远程。最终，我们对 2.5 亿美元的净资产做了报价，但我们会在那之上追加 30 亿~32.5 亿美元左右。

Berkshire Hathaway（巴菲特投资公司）分到 30 亿美元，AIG 有 7 亿美元，Goldman Sachs 有 3 亿美元。我们把投标交了上去，但是我们的投标时限很短，因为你不可能对价值以亿元计的证券在一段长时间内固定价格，我也担心我们的报价会被用来作待价而沽的筹码。最后，银行家们把合同搞定了，那是一个有意思的时期。

整个长期资金管理基金的历史，我不知道在座的各位对它有多熟悉，其实是波澜壮阔的。如果你把那 16 个人，像 John Meriwether，Eric Rosenfeld，Larry Hilibrand，Greg Hawkins，Victor Haghani 等，还有两个诺贝尔经济学奖的获得者，Myron Scholes 和 Robert Merton，放在一起，可能很难再从任何你能想象得到的公司中（包括像微软这样的公司），找到另外 16 个这样高 IQ 的一个团队。

那真的是一个有着难以置信的智商的团队，而且他们所有人在业界都有着大量的实践经验。他们可不是一帮在男装领域赚了钱，然后突然转向证券的人。这 16 个人加起来的经验可能有 350~400 年，而且是一直专精于他们目前所做的。还有个因素，他们所有人在金融界都有着极大的关系网，数以亿计的资金也来自于这个关系网，其实就是他们自己的资金。

问题： 讲讲你喜欢的企业吧，不是企业具体的名字，而是什么素质的企业你喜欢？

巴菲特： 我只喜欢我看得懂的生意，这个标准排除了 90% 的企业。你看，我有太多的东西搞不懂。幸运的是，还是有那么一些东西我还看得懂。

设想一个偌大的世界里，大多数公司都是上市的，所以基本上许多美国公司都是可以买到的。让我们从大家都懂的事情上开始讲吧，我懂得这个，你懂得这个，每个人都懂这个。这是一瓶樱桃可乐，从 1886 年起就没什么变化了，很简单，但绝不是一个容易的生意。

我可不想要对竞争者来说很容易的生意，我想要的生意外面得有个城墙，居中是价值不菲的城堡，我要负责的、能干的人才来管理这个城堡。

我要的城墙可以是多样的，举例来说，在汽车保险领域的 GEICO，它的城墙就是低成本。人们是必须买汽车保险的，每人每车都会有，我不能卖 20 份给一个人，但是至少会有一份。消费者从哪里购买呢？这将基于保险公司的服务和成本。多数人都认为服务基本上是相同的或接近的，所以成本是他们的决定因素。所以，我就要找低成本的公司，这就是我的城墙。

当我的成本越是比竞争对手的低，我会越加注意加固和保护我的城墙。

当你有一个漂亮的城堡，肯定会有人对它发起攻击，妄图从你的手中把它抢走，所以我要在城堡周围建起城墙来。

30 年前，柯达公司的城墙和可口可乐的城墙是一样难以逾越的。如果你想给你 6 个月的小孩子照张相，20 年或 50 年后你再来看那照片，你不会像专业摄影师那样来衡量照片质量随着时间发生的改变，真正决定购买行为的是胶卷公司在你的心目中的地位。柯达向你保证你今天的照片，20 年、50 年后看起来仍是栩栩如生，这一点对你而言可能恰恰是最重要的。30 年前的柯达就有那样的魅力，它占据了每个人的心。在地球上每个人的心里，它的那个小黄盒子都在说，柯达是最好的。那真是无价的。

现在的柯达已经不再独占人们的心。它的城墙变薄了，富士用各种手段缩小了差距。富士成为奥林匹克运动会的赞助商，占据一个一直以来由柯达独占的位置。于是在人们的印象里，富士变得和柯达平起平坐。

与之相反的是，可口可乐的城墙与 30 年前相比，变得更宽了。你可能看不到城墙一天天的变化。但是，每次你看到可口可乐的工厂扩张到一个目前并不盈利，但 20 年后一定会盈利的国家，它的城墙就加宽些。企业的城墙每天每年都在变，或厚或窄。10 年后，你就会看到不同。

我给那些公司经理人的要求就是，让城墙更厚些，保护好它，拒竞争者于墙外。你可以通过服务、产品质量、价钱、成本、专利、地理位置来达到目的。

我寻找的就是这样的企业。那么这样的企业都在做什么生意呢？我要找到它们，就要从最简单的产品里找到那些。因为我没法预料到 10 年以后，甲骨文、莲花或微软会发展成什么样。比尔·盖茨是我碰到的最好的生意人，微软现在所处的位置也很好。但是我还是对他们 10 年后的状况无从知晓。同样我对他们的竞争对手 10 年后的情形也一无所知。

虽然我不拥有口香糖的公司，但是我知道 10 年后他们的发展会怎样。互联网是不会改变我们嚼口香糖的方式的，事实上，没什么能改变我们嚼口香糖的方式。会有很多的新产品不断进入试验期，一些会以失败告终。这是事物发展的规律。如果你给我 10 亿美元，让我进入口香糖的生意，打开一个缺口，我无法做到。这就是我考量一个生意的基本原则。给我 10 亿美元，我能对竞争对手有多少打击？给我 100 亿美元，我对全世界的可口可乐的损失会有多大？我做不到，因为，他们的生意稳如磐石。给我些钱，让我去占领其他领域，我却总能找出办法把事情做到。

所以，我要找的生意就是简单、容易理解、经济上行得通、诚实、拥有能干的管理层。这样，我就能看清这个企业今后 10 年的大方向。如果我做不到这一点，我是不会买的。基本上来讲，我只会买那些即使纽约证交所从明天起关门五年，我也很乐于拥有的股票。如果我买个农场，即使五年内我不知道它的价格，但只要农场运转正常，我就高兴。如果我买个公寓群，只要它们能租出去，带来预计的回报，我也一样高兴。

人们买股票，想根据第二天早上股票价格的涨跌就决定他们的投资是否正确，这简直是胡扯。正如格拉姆所说的，你要买的是企业的一部分生意。这是格拉姆教给我的最基本、最核心的策略。你买的不是股票，你买的是一部分企业生意。企业好，你的投资就好，只要你的买入价格不是太离谱。

这就是投资的精髓所在。你要买你看得懂的生意，你买了农场，是因为你懂农场的经营，就是这么简单，这都是格拉姆的理念。我六七岁就开始对股票感兴趣，在 11 岁时买了第一只股票。我沉迷于对图线、成交量等各种技术指标的研究。然后在我 19 岁时，幸运地拿起了格拉姆的书。书里说，你买的不是那整日里上下起伏的股票标记，你买的是公司的一部分生意。自从我开始这样考虑问题后，所有的一切都豁然开朗，就这么简单。

我们只买自己谙熟的生意。在座的每一个人都懂可口可乐的生意。我却敢说，没人能看懂新兴的一些互联网公司。我在今年的 Berkshire Hathaway 的股东大会上讲过，如果我在商学院任教，期末考试的题目就是评估互联网公司的价值，如果有人给我一个具体的估价，我会当场晕倒。我自己是不知道如何估值的，但是人们每天都在做！

如果你这么做是为了去竞技比赛，还可以理解。但是你是在投资。投资是投入一定的钱，确保将来能恰当幅度地赚进更多的钱。所以你务必要晓得自己在做什么，务必要深入懂得生意。你或许会懂一些生意模式，但绝不是全部。

问题：深处乡间和在华尔街上相比有什么好处？

巴菲特：我在华尔街上工作了两年多。我在东西海岸都有最好的朋友，能见到他们让我很开心，当我去找他们的时候，总是会得到一些想法。但是最好的能对投资进行深思熟虑的方法就是去一间没有任何人的屋子，只是静静地想。如果那里都不能让你想的话，那就没有什么地方可以让你想了。

身处华尔街的缺点就是，在任何一个市场环境下，华尔街的情况都太极端了，你会被过度刺激，好像被逼着每天都要去做点什么。

钱德勒家族花 2000 元买了可口可乐公司，除此之外，就不要再做其他的事情了。事情的关键是无为而治，即使在 1919 年也不要卖（钱德勒家族在这一年卖掉了可乐公司）。

所以，你所找寻的出路就是，想出一个好方法，然后持之以恒，尽最大可能，直到把梦想变成现实。在每五分钟就互相叫价一个来回，在人们甚至在你的鼻子底下报价的环境里，想做到不为所动是很难的。华尔街靠的是不断地买进卖出来赚钱，你靠的是不去做买进卖出而赚钱。这间屋子里的每个人之间每天互相交易你们所拥有的股票，到最后所有人都会破产，而所有钱财都进了经纪公司的腰包。相反地，如果你们像一般企业那样，50 年岿然不动，到最后你赚得不亦乐乎，而经纪公司只好破产。

就像一个医生，依赖于你变更所用药品的频率而赚钱。如果一种用药就能包治百病，那么他只能开一次处方，做一次交易，他的赚头也就到此为止了。但是，如果他能说服你每天更新处方是一条通往健康的通途，他会很乐于开出处方，你也会烧光你的钱，不但不会更健康，反而处境会更差。

你应该做的是远离那些促使你做出仓促决定的环境。华尔街自有它的功效，在我回 Omaha 之前，每 6 个月都有一个长长的单子的事情去做，有一大批公司要去考察，我会让自己做的事情对得起旅行花的钱。然后，我会离开华尔街回 Omaha，仔细考量。

巴菲特谈话的方式真可谓幽默，但是在这些话语中我们是否感受到了一些独特的思维呢？为什么巴菲特说钱德勒家族不应该卖掉可口可乐公司？巴菲特会在什么时间选择离开华尔街？

从这些问题的答案中我们应该可以了解到，巴菲特对于投资的理念的确有自己的独到之处。他异于常人的分析方法是很少有人可以轻易学习的。相信很多人在重金面前可以轻易卖掉自己 2000 美元买到的股票，而不去在乎这只股票是不是第二家可口可乐公司。

亚洲股神李兆基选股基本法

如果说李嘉诚是香港金融行业的领军人物，想必所有人都会认同，但如果说李嘉诚是当代香港股神的话，一定会有诸多股民摇头。在过去的几年里，李嘉诚的资产虽然依然保持高幅度增长趋势，但是与李兆基的经济增长相比，可谓是小巫见大巫。

更让人震惊的是，这位利用三年时间将股市投资的 500 亿港元增值为 1700 亿港元的传奇人物在这之前甚至没有过任何炒股经验，甚至个人不太喜欢股票。这位已经超过 80 岁的老人在 78 岁那年开始转行做自己讨厌的股票，而且取得了巨大的成功，这不得不让人称奇。

李兆基的成功十分惊人，但是有些人认为李兆基并不具备炒股技巧，他的成功来源于投机取巧，因为这位地产大亨拥有很多金融界的朋友，他一定是凭借着朋友的指点加上自己的雄厚资金才获得了这样的成就。

但是，我们不妨思考，是怎样的指点和帮助让李兆基在三年里没有丝毫的失误，在股市中获得巨大的成功？

想必所有人都可以得出答案。李兆基的成功完全来源于他的大脑，是他的独特思维成就了他"亚洲股神"的神话。

在一次采访过程中，李兆基曾这样说过：虽然自己直到今天为止都不太喜欢股票，但是他依然会将事业的重心由房地产行业转移到股市当中。在他看来，香港作为全球第三大金融重心，地产中豪宅的升值空间不可限量，但是随着社会的发展，大众的消费观念已经开始转变，曾经有人认为有钱后应该拥有自己的房子，但是近年来香港人开始转变观念，房子在人们心中的地位正在不断降低，而且正在逐渐被股票投资所取代。香港股市每日平均交易额为 400 亿港元，而楼市交易额只有 4000 万港元，两者的差距告诉李兆基，更多的财富应该从股市中获得。

于是他于 2004 年 12 月成立了兆基财经企业，资产规模是 500 亿港元，主要从事股票投资，这便是他成为亚洲股神的起点。

李兆基当时还表示，自己在 2004 年之前从未沾手过股票，但是这并不代表他对投资炒股不了解。的确，他拥有很多金融界的朋友，他正是从这些朋友身上学习到了投资的方法。不过更重要的是结合自己的眼光，依靠自己的判断来选择股票。这才是李兆基成功的根本。

现在我们一起来欣赏一下李兆基的投资选股基本法则：

第一条是选国家。各国当中当然是中国最好，美国最衰。

第二条是选行业。我会选保险、能源及地产三个行业。

第三条是选公司，要选行业的龙头股，龙头股升得差不多便选找龙尾股。具体公司我推荐中国人寿、平安保险、中石油、中海油、神华能源、中煤能源、碧桂园、中国海外和富力地产。

第四条是转本位。美国突然减息半厘，令美元下跌，港元也跟随下跌。换言之，你手上的 100 元，今天只余 99 元，如果减息幅度增至 1 厘或 1.25 厘，你手上则只余 96 元或 95 元，所以一定要转本位。

现在中国基于自身经济状况持续加息，美国则迫于无奈减息。所以如果你仍然以港元为本位，一年下来最少会损失 10%。所以我建议将手头现金购入澳门元，赚取年息 6~7 厘，胜过港元存款利率的 2~3 厘；如果要做生意则借港元，年息 4~5 厘，可以赚息兼赚价，财息兼收。

第五条是沽空一只、持有一只。现在香港可以买卖全球股票，所以不要只买单一产品。你看好一个国家、一个行业，同时看淡一个国家、一个行业，便可以从中取利。我建议买进中国人寿和平安保险，沽空美国地产股或日本银行股。

同时李兆基还分享了自己的投资心得。李兆基说，自己非常感谢股神巴菲特，因为他从巴菲特身上学到了很多炒股的技巧，比如李兆基说自己认为买股就是长线投资。这一点就是从巴菲特身上学到的。

而且李兆基学到了巴菲特炒股技巧的精髓之处，对于一些长线新股，即便过了禁售期，李兆基也不会轻易抛售。

在这一点上，李嘉诚与郑裕彤都有所不足。例如李嘉诚与郑裕彤都曾在中国人寿公司发展初期认购股票。而在 2005 年两人分别以 5 元多的价格抛售了手中一般的股份，当时两人获利分别为 40% 和 50%，各赚 3.7 亿港元和 1.9 亿港元。

这一成绩的确喜人。但是与李兆基相比则十分逊色。李兆基一直持有中国人寿公司的大量股票，至今中国人寿股票单价已经超过了 40 元人民币，这代表着李兆基的回报率超过了 1000%。这种长线才是炒股的最终技巧。

李兆基认为，投资炒股最重要的是懂得精确计算回报，只有计算好了回报才能够出手。回报低完全可以选择不做，回报高也不要轻易动手，我们需要研究、需要调查，从而进行投资。

作为一名当代新股民，我们是否明白了李兆基为我们提出的警示与指出的方向？炒股是一种获利的渠道，但炒股绝对不能单纯被利益所左右。合格的股民应该把握机遇而不能追寻机遇，从李兆基的投资选股法则中不难看出，好的炒股思维、方式应该是经过深思熟虑、细致调查的，股市永远是我们的参考对象，而不是赌博工具。

股神是川银藏的投资策略

是川银藏，1897 年生于日本兵库县，是日本杰出的股票大师、农学家。1912 年，小学毕业后就步入商海，在而立之年已是富有的企业家。1982 年名列全日本入市资金第二位。他预测经济形势和股市行情的准确性令人吃惊，被日本金融界称为股市之神。著名的股市投资家巴菲特、索罗斯等也对是川银藏的投资策略赞不绝口。

是川银藏从他的投资经验中总结出了以价值投资为根基的炒股秘诀——"乌龟三原则"、"只吃八分饱"、"守规与禁忌"。这是他 60 年炒股经验的精髓，成为众多投资者借鉴和采用的最佳选择。

一、"乌龟三原则"

"乌龟三原则"的策略来自龟兔赛跑的童话故事。速度最慢的乌龟却能够取得最后的胜利，凭的是什么呢？请看以下相关原则，方可知晓。

（1）选择未来大有前途，却尚未被世人察觉的潜力股，长期持有。

（2）时时密切关注经济与股市行情的变动，而且要对其作深入的研究。在股价上升的时候，要防止市场突变，错失卖出时机。

（3）不能过于乐观，不要以为股价不会只涨不停，在行情旺盛时，应趁高套利。

投资者需要随时勤奋地做功课，收集并研究分析各种重要统计资料，找出经济变化的方向和原因，最后利用研究成果进行操作。

二、"只吃八分饱"

是川银藏指出，股票易进难出，买进的时机或许被投资者把握住了，但如果卖出时不成功，结果就会前功尽弃。由于投资者通常不清楚股票会上升到何处，最终会因为期望过高而错失卖出的时机。所以，不要急于买进，要为卖出考虑。

日本股市谚语："买进要悠然，卖出要迅速。"市场景气时，是川银藏始终秉持"只吃八分饱，没病没烦恼"的人生哲理，收敛贪欲之心，一旦获利就做一了结。他一直遵守着"低价买进，高价卖出"的股市投资法则。

三、"守规与禁忌"

1. 两个忠告

（1）投资股票一定在投资者自身资本的领域内。

（2）不要受各类传媒信息的迷惑，没有考虑周全就仓促进入。

2. 五个原则

（1）选股不能让别人推荐，路要投资者自己走。

（2）要对一两年后的经济变化进行猜测。

（3）每只股票都应有其合适的价位，股价超过其应有的水平时，不该高追。

（4）股价最终还是由业绩来决定，不能听信传闻。

（5）风险，在股市中时时存在着，投资者应谨慎行事。

图书在版编目（CIP）数据

中国新股民操作必备/百万编著.—3 版.—北京：经济管理出版社，2015.9
ISBN 978-7-5096-3835-4

Ⅰ.①中… Ⅱ.①百… Ⅲ.①股票市场—研究—中国 Ⅳ.①F832.51

中国版本图书馆 CIP 数据核字（2015）第 145160 号

组稿编辑：勇　生
责任编辑：勇　生　王格格
责任印制：黄章平
责任校对：雨　千

出版发行：经济管理出版社
　　　　　（北京市海淀区北蜂窝 8 号中雅大厦 A 座 11 层　100038）
网　　址：www. E-mp. com. cn
电　　话：(010) 51915602
印　　刷：三河市延风印装有限公司
经　　销：新华书店
开　　本：720mm×1000mm/16
印　　张：19.25
字　　数：285 千字
版　　次：2015 年 10 月第 3 版　　　2015 年 10 月第 1 次印刷
书　　号：ISBN 978-7-5096-3835-4
定　　价：38.00 元